极简

世界史

历史书系

近代史

李虎◎著

山西出版传媒集团 三晋出版社

图书在版编目（CIP）数据

极简世界史 . 近代史 / 李虎著 . -- 太原 : 三晋出版社 , 2024. 8. -- ISBN 978-7-5457-3041-8

Ⅰ . K109

中国国家版本馆 CIP 数据核字第 2024WY6521 号

极简世界史·近代史

著　　者：李　虎

责任编辑：王　宇

出　版　者：山西出版传媒集团·三晋出版社

地　　址：太原市建设南路 21 号

电　　话：0351—4956036（总编室）

　　　　　0351—4922203（印制部）

网　　址：http://www.sjcbs.cn

经　销　者：新华书店

承　印　者：三河市同力彩印有限公司

开　　本：787mm×1092mm　1/16

印　　张：11.5

字　　数：122 千字

版　　次：2024 年 8 月第 1 版

印　　次：2024 年 8 月第 1 次印刷

书　　号：ISBN 978-7-5457-3041-8

定　　价：68.00 元

如有印装质量问题，请与本社发行部联系　电话：0351—4922268

目录

目录

历史人物

137

时代背景

东方不亮西方亮

世界近代史是一部描述资本主义在西方兴起、发展，并向全球扩张，进而在全球范围内产生深远影响的历史。在这一时段，世界舞台的主角是西方，特别是欧洲。此时，包括东方在内的广大地域，似乎是黯然失色的……

地理大发现直接引发了商业革命，并促使西欧各国展开海外殖民扩张，这一历史事件对西欧资本主义工业化起到了至关重要的催化作用。可以说，没有地理大发现，就不会有工业革命的发生，资本主义的发展也将无从谈起，更不会有随后世界历史整体发展的根本性转折。伴随着地理大发现的进程，西方国家开始了海外殖民扩张，这标志着世界市场的初步形成。过去长期存在的各国、各地区、各民族间的相对隔绝状态，在越来越大的程度上被打破。整个世界在经济、政治、文化等各个领域逐渐形成一个联系紧密、相互依存但又充满矛盾的整体。

地理大发现、文艺复兴、宗教改革，资产阶级开始登上历史舞台。欧洲是资产阶级革命的策源地。从尼德兰革命开始，革命浪潮风起云涌。英国1688年确立了君主立宪制，揭开了欧洲和北美资产阶级革命运动的序幕，开辟了世界资产阶级革命的新时代。法国波旁王朝的封建专制统治，从 1789 年 7 月 14 日人民攻破巴士底狱之后便开始摇摇欲坠，波澜壮阔的法国大革命几经曲折，最终于 1830 年彻底结束。法国大革命不仅推翻了波旁王朝，摧毁了法国的封建制度，还动摇了欧洲其他国家封建制度的基础，加速了资本主义的发展。

在资产阶级革命兴起之际，民族独立运动也随之兴起。18 世纪后半期，北美爆发了独立战争，成功推翻了英国的殖民统治，并成立了独立的美利坚合众国。受到美国独立战争和法国资产阶级革命的影响，1791 年海地也爆发了独立战争。从 1810 年至 1826 年，独立战争的火焰席卷了整个拉丁美洲。这些独立战争不仅是民族革命，也是资产阶级革命，它们摧毁了殖民统治，为资本主义经济的进一步发展铺平了道路。

19 世纪 40 至 60 年代，随着资本主义的发展和人民群众的斗争，资产阶级民族民主运动再次兴起。1848 年，欧洲革命爆发，随后民族民主革命浪潮几乎席卷全球。1861 年，俄国废除了农奴制，开始走上发展资本主义的道路。同时期，美国经历南北战争后废除了黑人奴隶制，资本主义经济得以迅速发展，在 19 世纪后半期成功赶超了英、法等先进资本主义国家。而日本通过明治维新，不仅摆脱了民族危机，也踏上了资本主义发展之路，逐渐成为亚洲的强国。

英国通过波澜壮阔的资产阶级革命，为资本主义的蓬勃发展铺设了坚实的基石，并在殖民霸权的激烈争夺中脱颖而出，赢得了胜利。随后，工业革命在英国这片沃土上率先绽放，它标志着资本主义发展迈入了一个全新的重要阶段。在这一时期，轰鸣的大机器生产逐步取代了传统的工场手工业，犹如狂风骤雨般迅速提升了社会生产力，使生产效率和产品质量实现了质的飞跃。而且引起了社会关系的巨大变化，形成了近代工业资产阶级和工业无产阶级。

19 世纪三四十年代，随着工业革命的深入，工业无产阶级逐渐壮大，其阶级意识也随之觉醒。这一时期，工人运动发生了根本性的转变，从最初针对机器的自发性破坏斗争，演变为了有组织、有策略的经济与政治双重斗争。这些斗争目标明确，直指资本主义制度的根本，标志着无产阶级作为一支独立的政治力量正式登上了历史舞台。在这一背景下，法国里昂工人先后发起的两次起义、英国的宪章运动以及德国西里西亚纺织工人的起义，均是无产阶级为争取自身权益而展开的英勇斗争。

无产阶级的壮大与独立工人运动的兴起，使空想社会主义的局限性日趋显露。为此，亟需科学革命理论指导工人运动。马克思与恩格斯顺应时代，投身阶级斗争，汲取历史经验，创立科学社会主义。1848 年，《共产党宣言》问世，标志着科学社会主义的诞生，引领世界无产阶级步入革命新纪元。

19 世纪中期，欧洲资本主义发展激化了无产阶级与资产阶级的矛盾，工人运动风起云涌。为加强国际团结，马克思与恩格斯于 1864 年创立国际工人协会（第一国际），确立科学社会主义指导路线，联合各国无产阶级，领导罢工斗争，推动工人运动发展。

1871 年，法国爆发了巴黎公社革命，这是一场具有划时代意义的革命，标志着无产阶级首次勇敢尝试推翻资产阶级统治、建立无产阶级专政政权。巴黎公社的革命行动给予资本主义以沉重打击，彰显了无产阶级的力量与决心。

19世纪最后30年，是自由资本主义向垄断资本主义的过渡时期。主要资本主义国家依靠剥削本国和殖民地、半殖民地的人民，以及广泛应用新的科学技术，使工业生产空前增长。19世纪末至20世纪初，美、英、德、法、俄、日等国普遍出现垄断组织的大幅扩张，这标志着资本主义迈入垄断（帝国主义）时代。这一阶段，无产阶级与资产阶级的冲突、帝国主义与殖民地半殖民地间的矛盾，以及帝国主义国家之间的利益纷争均达到前所未有的尖锐程度。

资本主义向帝国主义转型之际，无产阶级与资产阶级的矛盾成为社会主要矛盾。19世纪80年代，马克思主义主导工人运动，社会主义政党纷纷涌现，多国掀起大规模罢工浪潮。为强化国际无产阶级团结，1889年，在恩格斯引领下，第二国际应运而生。列宁秉承并发展了马克思主义，于俄国创立布尔什维克党，引领无产阶级于1905年发起革命，旨在夺取政权。

19世纪前半段，西欧与美国的资本主义工业迅猛崛起，为争夺原材料来源与商品市场，这些资本主义国家加速了对亚洲的侵略步伐，利用亚洲各国的封建势力作为扩张的杠杆。此举激起了亚洲民众强烈的反殖民与反封建情绪，民族运动风起云涌。随后，随着垄断资本主义的形成，各资本主义国家不仅增强了资本输出，还通过一系列侵略战争狂热地争夺全球领土，企图瓜分世界。到了19世纪末至20世纪初，帝国主义列强完成了对世界殖民地与势力范围的瓜分，构建了庞

▲〔美国〕约翰·辛格·萨金特《毒气战》。这幅画是"一战"战争题材中最伟大的杰作之一，记录了"一战"中法国和比利时战场中的惨烈情景

大的殖民体系。这一过程中，帝国主义侵略的加剧，极大地加深了被侵略国家的民族危机，促使亚非拉地区人民掀起了声势浩大的反帝反封建民族民主运动，这不仅沉重打击了帝国主义及其本土的封建残余，还有力地推动了这些地区民族资本主义的萌芽与发展。

随着资本主义向帝国主义转变，全球经济政治不平衡加剧，列强间力量对比变化，导致重新瓜分世界的竞争加剧，形成了德、奥、意

"三国同盟"与英、法、俄"三国协约"两大对立军事集团。它们竞相扩军，频繁制造危机与局部冲突，最终因1914年的"萨拉热窝事件"引爆第一次世界大战，这是一场帝国主义间的掠夺战争。战争催生了革命，特别是1917年俄国二月革命推翻沙皇，随后十月革命胜利，激励了多国革命运动，加速了奥匈帝国解体与德国帝制崩溃。1918年11月，第一次世界大战以同盟国的失败结束了。

世界历史，再次进入新的篇章。

历史事件

东方的暮色

自远古时代开始，华夏民族就屹立在亚洲的东部，无论经历什么样的摧残，文明之花从不凋零，反而更加强盛。其秘诀就是"交流"。我们有着永远通往新世界的好奇心，它驱使我们前进的同时，也加强了我们和外部世界的交流。同时，我们善于学习，善于发明，善于改造。无论是什么，经过中国人的双手，总能变得更好。正因如此，中华文明才变得丰富多彩。

然而这一切，在16—17世纪逐渐停止。一切的起因，都要追溯到几百年前的几位皇帝身上。

明朝初年，国家安定。但东方的海上时不时出现各种各样的海盗，他们有的是来自广东、台湾的汉人，有的来自日本，有的来自东南亚。这些海盗干扰了大明帝国的航线，劫掠大明的船只。朱元璋因此大为光火，他下令禁止沿海的船只下水。皇帝似乎认为只要大明的船只不进入海洋，那么海盗就如同没有食物的老虎，最终会自己消失。不光他如此认为，他的后代也这么认为。那些依靠大海为生的渔民、商人被这项政策激怒，他们在接下来一二百年的时间里，持续反抗着明朝的这项国策。持续不断的起义拖累了明朝的经济，加速了明帝国的瓦解。与此同时，不只是沿海的居民，内地的人民也发现自己的"惨烈

▲明成祖朱棣坐像

处境"——土地被官员抢走，自己不得不给贵族种田，卖出十分力气才能勉强糊口。官员和贵族毫不重视人民，君主则藏在皇宫里对此充耳不闻。人民逐渐意识到，统治者对自己的惨境是不关注的，唯有战火才能让他们明白民众的愿望。最终，1629 年，明朝最后一位皇帝崇祯在位期间，人民揭竿而起，大规模的起义爆发了。1644 年，起义军领袖李自成打败了崇祯皇帝。北方的后金趁着天下大乱，联合了镇守山海关的将军吴三桂，打败了李自成的军队，最终建立了中国历史上最后一个封建帝国"大清"。

然而百姓未曾预料到的是，清朝的皇帝依旧坚持闭关锁国的政策，他们只担忧海盗，却不关心人民的生活。

就在中国的皇帝们执行海禁政策的时候，西方的殖民者却已经逼近了中国。1511 年，葡萄牙人占领了马六甲海峡；1557 年，葡萄牙人入侵澳门，从此澳门长久地被殖民者统治。1642 年，荷兰人占领了宝岛台湾，一直到郑成功收复台湾，台湾才回归中国的怀抱。

西方人认为武力夺取殖民地并无不妥，他们的政府、君主乃至国家都支持他们对外殖民，去占领其他民族赖以生存的土地，进而满足自己的需求。这虽然不道德，但使得西方国家迅速发展起来了。而中国的皇帝们却没有认清世界的发展形势，他们遏制商业的发展，抵制外来文化的进入，闭塞自己的耳目，希望这样就能维持现状。东方的璀璨文明，在这种自我麻醉、自我满足中逐渐黯淡，直到被列强用武力打破大门。

日本，在古代曾被称为"神国"，因为日本人认为这里是诸神的故乡，是诸神所统治的国度。日本人相信有八百万位神明统治着整个世界，因此他们对世间万物都报以尊敬，特别是对他们的统治者"天皇"。日本人民相信天皇是神的儿子，是上天派下来统治世界的人。然而随着时间推移，天皇的权力逐渐被他的臣子夺走，"神之子"变成傀儡，他的京都成了他的"囚笼"。天皇的话必须通过另一个人的执行才能变成真正的"律法"，这个人，就是幕府将军。

幕府将军控制着整个日本，其中最著名的将军，就是德川家康。德川家康是当时日本最优秀的政治家、军事家，他建立起一个统一的封建国家。在这个国家里，他就是没有王冠的国王。

德川家康不相信任何人，他为了防止封臣对抗自己，就将他们分成三类——"亲藩""谱代""外样"，即自己的亲人、忠诚的大臣和被征服的大臣。他对三类封臣依照远近关系给予他们土地，最亲近的人才能得到最好的土地，而疏远的人只能得到最差的土地。德川家康相信只有亲人才能勉强保护德川家族。

当国内稳定下来以后，德川家康又开始把目光转向国外。他发现基督教已经不知不觉地在日本传播几十年了。德川家康不喜欢这个宗教，他认为基督教所传达的教义会威胁他的地位。因为德川家康要统治日本这个神国，就必须成为神，而基督徒不会接受除了上帝以外的任何一个神。

于是，在17世纪30年代，幕府开始实行闭关锁国政策：禁止基督教在日本的传播；禁止日本人出海贸易；禁止欧洲人在日本贸易。

幕府的将军们为了维持自己的统治，断绝了日本与外界的正常联系，这项政策被忠实的继承者们执行了两百年。虽然避免了基督教所带来的"文化入侵"，但也让本来就不甚先进的日本更加落伍于世界。日本的大门，直到美国人的到来，才被迫打开。

莫卧儿是印度近代最后一个封建帝国。这是一个十分强大的帝国，但有趣的是，它并不是印度人建立的。

莫卧儿帝国的创始人是巴布尔，据说这个名字的意思是"凶猛的老虎"。他是成吉思汗的后裔，是一个具有蒙古血统的突厥人。他沉迷于古代先祖所创下的丰功伟绩，认为一个强大的帝国才能配得上自己。于是他投身于军旅，试图统治中亚。然而他在中亚的征战中却屡屡碰壁，打了败仗不说，差一点连自己的命都保不住。巴布尔决定改变策略，他依然要打造一个帝国，但不一定是在中亚。1524年，印度的旁遮普总督和他的国王——印度的统治者德里苏丹易卜拉欣——决裂。总督邀请巴布尔来到印度，帮助自己对抗德里苏丹。于是巴布尔带着猛烈的火炮和优秀的骑兵从北方抵达。凭借火炮和骑兵，巴布尔很快就打败了德里苏丹，继而征服了其他敌人。巴布尔成功打造了一个适合他统治的国家，一个印度帝国。但他并没有让自己的帝国变得足够强大，是他的孙子阿克巴完成了这一使命。

1560年，阿克巴从他的父辈手中接过帝国的重担之后，便开始了长达几十年的"治国之路"，而这条路只有一个目的——统一。阿克巴凭借自己的武力征服了许多敌人，而真正让他们心悦诚服的是阿克

▲阿克巴大帝像

巴的"宗教宽容政策"。阿克巴的父亲和母亲都是穆斯林，而印度的伊斯兰教君主奉行"对内平等、对外镇压"的传统，他们长久以来把非穆斯林群体当作奴隶来剥削。但阿克巴拒绝这样的传统，他坚持让每个宗教的信徒都可以得到尊重。阿克巴废除了对非穆斯林群体的苛刻重税，允许人民自由选择自己的信仰。阿克巴时常穿着穆斯林的服饰或印度教徒的服饰，他努力去融入那些非穆斯林群体，并希望得到他们的爱戴。结果是明显的，君主对人民以温和，人民自然回报以崇拜。阿克巴的宽容政策成功使帝国各种力量团结起来，而阿克巴就是团结这一切的枢纽。但命运并没有一直眷顾莫卧儿王朝，阿克巴去世

▲ 奥朗则布像

不到 60 年，他的子孙就改变了这一政策。

奥朗则布是阿克巴的重孙，他拒绝执行阿克巴的宗教宽容政策。他破坏印度教徒的寺庙，收取印度教徒的重税，使穆斯林比印度教徒"尊贵"。他对非穆斯林群体的压迫和剥削到了极致，结果印度教徒不再支持他，大量的印度官员和商人离开他，宫廷里失去了管理行政的大臣，民间失去了负责税收的官吏。这位莫卧儿的君主因"失道"而"寡助"，帝国陷入危险之中。为了拯救他的帝国，奥朗则布号召穆斯林节衣缩食，节俭持家。他本人更是以身作则，常常在黎明到来之前便起身工作，在群星闪现之后才考虑休息。但这并不能解决任何问题，人民依旧不欢迎这位君主。

▲奥朗则布指挥战争

为了转移人民的视线，奥朗则布发动了对南方的战争，企图通过战争让人民暂时忽略他的所作所为。然而他意外地发现，印度半岛南端的抵抗竟然如此顽强。奥朗则布的军队已经深陷其中，20余年的战争耗尽了莫卧儿王朝的财富。1707年，奥朗则布在南印度逝世。临终之前，他在给自己的儿子穆阿扎姆的信中说道："我孤身而来，又孑然而去……我在各处所进行的战争都是受茫然无措、惶恐无已的情绪支配的，正如水银般动荡不安、行将踏上最后旅程的我本人一样。"

奥朗则布在废除了阿克巴宗教宽容政策的同时，也抹杀了莫卧儿王朝的希望。君主的残暴和偏见使得这个原本强大的帝国日渐衰微。当奥朗则布死后，这个帝国失去了最后一个还能勉强驾驭它的统治者。从此，莫卧儿王朝一日不如一日，逐渐走向它生命的终点。

1451年，奥斯曼苏丹穆罕默德二世即位，他登位后采取的第一个重大行动就是夺取君士坦丁堡，这颗拜占庭的璀璨明珠。

君士坦丁堡是罗马帝国的东部首都，那里的居民依然以"正统罗马人"自居，他们沉醉于古老的辉煌，以麻痹自己的神经，而他们的帝国已经衰落，即将灭亡。穆罕默德二世相信，只有攻陷君士坦丁堡，才能让自己成为最伟大的统治者。

于是，1453年，奥斯曼人攻占君士坦丁堡，拜占庭帝国就此灭亡。东正教的圣城君士坦丁堡从此成为伊斯兰教的伊斯坦布尔。

1515年，奥斯曼人打败波斯人，一部分美索不达米亚平原的土地归属奥斯曼帝国。几年之后，奥斯曼人又攻占了埃及。随后的几十年，

▲ 苏丹穆罕默德二世像

奥斯曼继续扩张他们"不存在边界"的版图。他们向西进军到匈牙利，向东进军到伊朗，向南到阿拉伯海，向北到黑海。

奥斯曼帝国从此进入了一个属于它的辉煌时代，继古波斯帝国、亚历山大帝国、罗马帝国之后，在世界舞台上又出现了一个地跨欧、亚、非三洲，幅员广阔的大帝国——奥斯曼帝国。

然而王权不可能永恒，坚固的堤坝之所以崩溃，其缘由往往出自那些被他们忽视的地方。古人云，"生于忧患，死于安乐"。伟大的国家令它的敌人们忌惮，安逸的生活却促使其国之大臣腐败。封建主们剥削人民的剩余价值，官员们收受贿赂、尔虞我诈；军队失去了敌人，整日沉醉在欢乐和睡梦中，军纪松散崩溃。国家由内而外坍塌，已经形成不可扭转的局面。君主的无能进一步加快了帝国衰败的脚步。宰相们试图把国家的内部矛盾转移到外面，他们认为，财富可以通过征服他国来获得，军队可以通过战争来锻炼，一切社会矛盾都可以通过战争来解决，只要一直保持对外战争的胜利，帝国依然可以如日中天。

1663 年至 1664 年奥斯曼对奥地利战争，1672 年奥斯曼对波兰战争，1677 年至 1678 年奥斯曼对俄战争，1683 年至 1698 年奥斯曼对奥地利、波兰等联军战争。但自 1699 年起，奥斯曼的"战争之道"开始失灵了。1699 年，奥斯曼输给了奥地利等联军；1711 年，又被俄国打败。从此以后，奥斯曼的辉煌逐渐远去，强大的帝国逐渐落寞。

从 17 世纪起，由于欧洲殖民者侵入亚洲，世界贸易中心从地中海逐渐转向各大洋。奥斯曼的舰队被欧洲人挫败，帝国丧失了许多对外贸易，东地中海成了一潭死水，不再具有活力。奥斯曼，不再强大。

乘风破浪，向着新世界前进！

　　印度，欧洲人所梦想的黄金之乡。自亚历山大大帝征服波斯、入侵印度以后，印度就成为欧洲人所认为的"富饶之地"。欧洲人认为印度充满了黄金、宝石，那里的财富取之不竭。但当通往印度的道路被奥斯曼帝国阻挡之后，渴望财富的欧洲人便开始另谋他路。

　　最先向印度探索的是葡萄牙人，他们长久以来，为了探索印度而向大西洋派出了多支船队。1487 年，巴尔托洛梅乌·缪·迪亚士带领自己的船队向非洲展开探索，他们沿着西非南下，但呼啸的大风让他们偏离航线，连续十几天在漫无边际的大海上航行。在绝望中，迪亚士鼓励船员们向东方前进，但由于所有人已经筋疲力尽，要求返航，迪亚士不得已回国。此行唯一的收获，就是在归途中，迪亚士抵达了非洲的最南端，葡萄牙人称之为"好望角"的地方。

　　继承迪亚士事业的是达·伽马。他在迪亚士航行的十年之后，也就是 1497 年继续向印度开拓。但他比迪亚士幸运，因为他已经得知了好望角的坐标，知道了绕过非洲好望角的航线。1498 年，达·伽马成功绕过好望角，并抵达了阿拉伯海附近。不久他又雇佣了阿拉伯向导，准备横跨印度洋到印度。达·伽马成功了。这位冒险家将他的货物卖给印度人，又从印度购买了肉桂、胡椒等香料，并在 1499 年返航。

▲达·伽马像

达·伽马及他的船员们在完成这一伟大航线的开拓的同时，也惊讶于贸易的收入。这一次从印度所购香料的卖价，是此次航海费用的60倍。

此时的冒险家中，若说谁在后世最负盛名，当属哥伦布。哥伦布是意大利人，他出生于热那亚，这是座自古以来就崇尚商业和航海的城邦。当葡萄牙人积极探索通往印度之路时，哥伦布也希望闯出一番辉煌事业。他请求葡萄牙国王给予他资助，因为他要另辟蹊径——从欧洲向西，抵达亚洲。

哥伦布的假想在当时的欧洲并非荒谬。古希腊时代，人们就意识到世界是圆的；到了罗马时代，埃及的学者更是推算出从一个方向一

▲〔意大利〕塞巴斯蒂亚诺·德·皮翁博《哥伦布肖像》

直前进可以抵达相反的方向。哥伦布根据马可·波罗的笔记和古代学者的推算，提出从欧洲向西就可以最快抵达印度的假设，但这遭到了葡萄牙国王的反对，国王认为哥伦布的说法是"天方夜谭"。于是哥伦布只得寻求另一个海上强国——西班牙，出于对未知财富的向往，西班牙的君主同意了哥伦布的计划。

1492 年，哥伦布带着三条船，向着西方航行。船队乘风破浪，不辞辛苦，印度的财富和开发航线的荣耀，激励众人不断前进。但一个月以后，船队没有看见任何陆地，大海上除了海水一无所有。船员开始焦躁不安。又过了一段时间，他们要求哥伦布返航，认为如果继续

▲哥伦布发现新大陆

前进，他们会因为补给不足而陷入绝境。但哥伦布拒绝了他们的要求，他相信自己一定能抵达亚洲。也许是哥伦布的领袖魅力，也许是他的自信取得船员们信任，总之，他们继续向西前进并最终发现了美洲。

迪亚士的艰辛、达·伽马的辉煌、哥伦布的壮举都足以载入史册，他们面对大自然没有屈服，凭借人类的勇气和永远向往新世界的好奇心，他们发现了更多的土地。若以此而论，他们都是"大海之王"，但有一人的贡献也不比他们小，这人就是麦哲伦。

麦哲伦是葡萄牙人，他曾参与葡萄牙在海外的战争，这让他大开眼界。麦哲伦希望能"征服"世界，他要环绕世界一周。如此异想天开且浪费国家财力的主张，自然得不到葡萄牙君主的同意，于是他只好寻求西班牙国王的支持。西班牙国王同意了他的主张。

于是 1519 年 9 月 20 日，一支由 5 条大船和 265 名水手组建的船队，由塞维利亚出发，他们打算按照哥伦布的航线，探索出通往亚洲的地图。麦哲伦在大西洋航行 70 天以后，抵达了今天巴西的海岸。之后他们沿着海岸线南下，企图绕过美洲。1520 年 3 月末，船队抵达阿根廷南部，但由于天气寒冷且船员疲惫，麦哲伦只能在此停留，度过冬天。期间，因为不知道终点在哪里，以及困难重重，一部分船员叛乱，他们控制了一半的船只，要求麦哲伦返航。但麦哲伦凭借智慧摆平了他们。

几个月之后，船队继续航行，在穿过一条海峡的时候，一条船上的船员再次叛乱，他们私自返航，准备回到西班牙去。这个海峡，现在被称为"麦哲伦海峡"。

▲ 麦哲伦像

又过了三四个月，海上风平浪静，船员们认为这是新的大海，他们称之为"太平洋"。但平静的大海周围没有陆地，他们的补给即将枯竭，麦哲伦只能安慰船员们，鼓励他们前进。最终，他们于1521年3月16日抵达了菲律宾群岛。麦哲伦在这里树立了十字架，宣布此处为西班牙王国所有。他以西班牙菲利普二世的名字命名这里，这就是菲律宾的由来。到此，麦哲伦终于看见了中国的船只，他相信，自己抵达亚洲了。但麦哲伦没有活着离开亚洲，他不幸卷入了途径岛屿上土著部落的战争，并死于这里。船员们安葬了他，然后继续前进。他们在亚洲购买了香料，又按照葡萄牙人的航线返国。期间他们遭遇葡萄牙人的劫掠，只剩下一条船回到西班牙。

1522年9月6日，这些船员返回西班牙，他们仅剩下一条船和18名船员。麦哲伦和他的船员们从此名震欧洲。西班牙国王送给活下来的船员一个地球仪，因为"他们第一个拥抱了它（地球）"。

号角吹响了

尼德兰,在荷兰语中是"低地"的意思,指莱茵河、马斯河、斯海尔德河下游及北海沿岸一带地势比较低的地区,它的面积大体相当于今天的荷兰、比利时、卢森堡和法兰西的一部分。在16世纪初,这里有几百万人口,上百座城市,商业繁荣,船只来往频繁。尼德兰的主人是西班牙国王,尼德兰撑起来半个西班牙的收入。

16世纪以后,尼德兰的资本市场得到极大发展。每年,尼德兰有几万条船进出;金融业因为商人的来往而迅速发展。尼德兰资本市场的发展导致阶级矛盾日益加剧。封建主们占有土地又不愿意与时俱进,这在一定程度上限制了尼德兰的发展。尼德兰的平民要同时被贵族、教会和大商人以及银行家剥削,生活日益艰难,破产者比比皆是。政府却禁止这些破产者在尼德兰流浪,因为他们既不能工作又浪费国家资源。所有的一切都让尼德兰变得两极化,富人和穷人居住在同一片地区,待遇的不平等使得穷人得不到基本的尊重。不满的情绪在这片土地上积蓄,只需要一点火星,它就能燃烧起来。

而这火星,就是宗教改革。

马丁·路德在德意志掀起来的改革运动,波及尼德兰。西班牙的国王腓力二世是一个虔诚的天主教徒,他不能接受自己的国土上有新

▲〔荷兰〕彼得·勃鲁盖尔《盲人的寓言》。这是一幅充满了悲哀情绪的作品。在静悄悄的村边，六个盲人互相牵拉着走了出来。他们一个个神态恍惚，侧耳

细听，十分小心地探寻着道路。但是，领头者已跌入壕沟，他们的前面没有路。
这是一则辛酸的寓言，它向正在斗争的尼德兰人民警示，盲目性必然引发悲剧

▲西班牙国王腓力二世。1556 年，腓力二世继承了西班牙王位，其对尼德兰的高压政策变本加厉

教徒的存在，因此加大了对尼德兰的控制。大量的宗教裁判所兴起，裁判官们仔细审查尼德兰的每一片土地，他们在尼德兰的土地上肆意剥削人民，并宣布那些对天主教"不虔诚"的基督徒为异端。

尼德兰的人民饱受西班牙人的迫害，却无力反抗，只能忍气吞声。时而会有一些人反抗，但不足以撼动西班牙的统治。一直到1560年，西班牙对尼德兰的压迫到了一个巅峰：他们限制尼德兰商人的经营范围，向商人索要财产但又不归还，提高尼德兰的税率。银行破产、商人失去储蓄，这严重触犯了资产阶级和部分贵族的利益，整个尼德兰一下子变得萧条。尼德兰的财富全部被西班牙人夺走。这令尼德兰人愤怒不已，最终，尼德兰人决定反抗西班牙暴政，还自由于尼德兰人。在群众斗争的推动下，与资产阶级利益相关的贵族激进派也行动起来了。

1566年8月，尼德兰多地爆发了以"破坏神像"为形式的，具有宗教性质的起义活动。起义者们捣毁了代表天主教的神像，这无疑是向西班牙国王宣战。但西班牙人使用了离间计。西班牙政府承诺将取消对尼德兰的种种限制，并满足尼德兰贵族们的利益。这让尼德兰贵族不再支持人民，转而支持西班牙人。同时，西班牙国王又调动一支大军讨伐起义者。战争让尼德兰超过8000人被西班牙军队屠杀，使更多人流离失所。

西班牙国王为了报复尼德兰的反叛，下令提高尼德兰的税收，这让尼德兰人更加痛苦。国王还组建了军队，驻守尼德兰，这让尼德兰人难以反抗。但尼德兰人并没有屈服，他们组建游击队，在山区、林

▲尼德兰革命场景

▲威廉一世，荷兰共和国首任执政，被称为荷兰"国父"

地、海边、田野等各种地方都积极反抗西班牙人。这让西班牙人十分头疼，他们无法将散乱的敌人一一消灭。

1572 年，一支游击队占领了布里尔城，这成为起义军胜利的标志。受此影响的尼德兰人民纷纷揭竿而起，他们自发组建军队，驱逐了占领城市的西班牙人。许多城市相继独立。1573 年底，尼德兰北方脱离了西班牙的统治。西班牙国王失去了半个尼德兰，而尼德兰革命也导致西班牙的军队长期深陷其中，不能自拔，严重影响了西班牙的发展。

1576 年 10 月，尼德兰各起义部队的领袖聚集在一起召开一次决定尼德兰未来的会议。其中北方人坚持尼德兰的独立，但南方人出于种种原因，希望在自治的基础上，依然效忠西班牙国王。双方的矛盾产生。到了 1578 年，西班牙人逐渐在尼德兰展开攻势，南方的部分起义军领袖和贵族们与西班牙妥协，他们将继续效忠国王，并反对北方的同胞。至此，尼德兰的南北彻底分裂为比利时和卢森堡两个国家，他们走向了不同的道路。1581 年，北方人在奥兰治亲王的带领下，宣布组建国家，成立联省共和国，简称荷兰。荷兰不再效忠西班牙国王。

此时的西班牙大不如前。1588 年，西班牙海军惨败于英国海军。不久，西班牙又和法国爆发冲突，尼德兰又得到了英国的援助。西班牙已经无法再像从前那样继续镇压尼德兰的起义了。西班牙国王最终选择了与荷兰谈判。1609 年，西班牙国王和荷兰共和国达成了停战协议，某种程度上，是变相承认了荷兰的独立。

这是人类历史上重要的一次起义，它完全配得上"革命"一词。尼德兰革命以反抗西班牙专制统治、获取独立地位为目的，是人类历史上第一次成功的资产阶级革命，它为欧洲和世界资本主义的发展提供了许多可以借鉴的经验。同时，它也掀起了人民反抗暴政的序曲。

但这一场革命也有它的"缺陷"。荷兰的独立并没有让它保持长久辉煌，革命后，国家的利益被寡头把持，执政官的位置被单一家族长期把持占据，荷兰更像是一个披上共和国外衣的王国，一个"私人"的国家。这使得共和国内部的改革难以顺利推行。虽然荷兰也一度成为海上强国，并横行亚洲，但到了 17 世纪以后，它逐渐走向衰落。

荆棘载途的革命历程

　　和尼德兰的革命不同，英国的革命呈现出另一幅画面。英国的君主专制与他国无二，也有一个从发展到巅峰的过程。16 世纪中叶以后，英格兰的君主专制政体达到一个巅峰时段。一场名为"玫瑰战争"的内战让英国大部分封建势力荡然无存，封建贵族们难以对抗权力高度集中的国王，新兴资产阶级羽翼未丰且不得不依靠国王来发展经济。对于一个不稳定的国家来说，自由并不比稳定更重要。此时此刻，英国国王的王权得到大幅度提升，尽管君主治下依然有议会来作为掣肘，避免他独断。但当议会的利益，或者说议员们的利益和国王是一致的时候，这种制衡也就不复存在了。英国国王开始了属于他们的专权时代。

　　1603 年，英国国王詹姆斯一世加冕为王。詹姆斯坚信"君权神授"理论，他曾公开对议会表示，君主是上帝派来统治人民的，君主不对上帝以外的任何人负责，君主也不接受任何人的指责，君主神圣不可侵犯。由他开创的斯图亚特王朝君主几乎都保持了这种观念。1625 年，詹姆斯一世逝世，他的儿子查理一世加冕为王，成为新的国王。

　　查理一世为了敛财，强迫人民把钱借给自己，但从不考虑还钱。人民对他抱怨连连，议会对他也意见很大。议会反对查理国王的独裁，

▲〔比利时〕安东尼·凡·戴克《詹姆斯一世画像》

并认为这是对议会权利的"入侵",号召人民拒绝借钱给国王。因此在1628年,议会被国王解散。查理一世用这种方法告诫自己的人民,自己的权力远胜他们,他相信这样可以让人民安分守己。但他错了,人民对他的不满并没有因为议会的关闭而停止,反而越来越强烈。

如果仅是如此,也许人民还能容忍他,但查理一世做的让人民不能忍受的事太多了。他迫害清教徒,宣布非国立宗教的教派组织不能存在于自己的王国。他大肆搜捕私藏他所不喜欢的书籍的人,试图将人民的思想和肉体禁锢在他觉得合适的范围内。查理一世还要维持自己的奢华生活,庞大的宫廷开支,加重了人民的负担,严重损害了他治下的所有人,包括贵族和商人的利益。

苏格兰人长久臣服于詹姆斯一世的统治,他们本应该继续臣服于詹姆斯的儿子查理,但查理一世的倒行逆施让他们愤怒。于是苏格兰人起义,他们拒绝继续效忠这样的国王。查理一世不得不组建新的军队,去消灭那支对他而言是叛臣的军队。但他没有足够的钱去打造军队,因此他在1640年4月重启议会,希望通过议会来号召人民为他筹集军费。但议会并没有屈服于查理一世,他们要求查理一世合理地对待他们本应享有的权利,他们才考虑国王的话。查理一世随即再度把议会解散。这次议会维持了不足一个月的时间。

同年9月,苏格兰人已经占领了英国的边境,查理不得不求助于贵族们。但贵族们也不接受查理的倒行逆施。查理一世输掉了战争。苏格兰人要求国王赔偿巨款,但查理一世弄不到足够的钱,他不得不再次重启议会。当议会重启以后,议员们迅速确立了自己的目标,那就是限制国王的为所欲为。

议会为限制王权，提出一系列改革措施，但国王把这些统统否决了。不仅如此，查理一世还试图逮捕议会中反对他的那些人。然而伦敦的平民听说了国王的行为之后，自发组织起来，保护那些要被国王逮捕的人。他们拿起武器，宣誓要捍卫议会。1642年1月，查理一世担心自己会被伤害，于是逃出伦敦，前往北方。不久之后，查理一世宣布议会议员为叛臣，他发誓要讨伐他们。英国战争就此爆发。

起初，国王的军队连连获胜。一直到1644年，议会领导下的克伦威尔组建了一支新的军队，他们打败了国王的军队，彻底取得了胜利。

然而问题并没有被彻底解决，这个国家未来应该怎么样，依然扑朔迷离。议会中的一群长老夺取了胜利果实，他们篡夺了原本属于代表中、小资产阶级的政治派别的权利，将英国的政治变成他们之间的游戏。对此，掌握军队但又没有政治权力的军官们十分不满，他们认为这是那些大人物对自己的不平等待遇。因此，军官们组建"独立派"群体，并要求议会解散，重新选举。1647年的秋天，军官们把军队开进伦敦，清洗了议会中反对自己的议员。国家权力被军官们掌握。期间，查理一世试图勾结其他人复辟，但被克伦威尔打败。

到了1648年，军官们依然觉得不满，他们认为政治权力应该全部被自己掌握，于是二度进入伦敦，彻底清除所有反对自己派系的议员，确立了绝对统治的地位。

之后军官们认为，国王必须得到审判。在漫长的讨论之后，1649年，查理国王被送上断头台。国家的统治权力完全被军官们掌握，领

▲〔比利时〕安东尼·凡·戴克《盛装的查理一世》

▲克伦威尔像

导这些军官的，就是克伦威尔。

之后数年，为了稳定这个新的政府，克伦威尔镇压了国内的两次起义，向外征服了爱尔兰和苏格兰，还挫败了查理一世的儿子查理二世的复辟。克伦威尔的权威一时无两，他统治下的国家已经不再是民主共和，而是由他一人独裁。他就是没有王冠的国王。

1658 年，克伦威尔逝世前，把权力交给自己的儿子理查。但克伦威尔的骄兵悍将们并不听从这个乳臭未干的小子的指挥。理查不得不放弃他的权力。真空的权力核心引来军官们的争夺，国家一片混乱，矛盾重重。在这种时刻，一部分人不得不承认"有一个国王比没有更重要"。他们主张迎接查理一世的儿子查理二世回国。但他们要求新的国王不能像他的父亲那样骄纵蛮横，查理二世同意了。

不久之后，查理二世回国，加冕为王，但他并没有顺从议会的意志，而是希望回到他父亲那个可以为所欲为的年代。于是他与议会之间的明争暗斗持续了十几年，一直到查理二世去世。后来他的弟弟詹姆斯二世上位，詹姆斯二世是一个天主教徒，英国人不喜欢他。同时，詹姆斯二世希望英国回归天主教的怀抱也让议会反感。于是议会推翻了詹姆斯二世的统治，迎接詹姆斯二世的女儿玛丽和她的丈夫威廉来英国。玛丽和威廉向议会让渡了一部分权力，以稳定英国的动荡。这使得君主立宪制在英格兰被确定下来，延续至今。议会成为主要的权力执行者。君主立宪制加快了资本主义在英国的发展，并为英国未来的强大奠定了基础。

▲查理二世画像

欧罗巴的大王们

1643年，法国国王路易十四即位，但直到1661年，他才开始亲政。路易十四是一个对权力异常渴望的君主，在他统治期间，法国的王权达到巅峰，专制主义是他权力的基石。然而在路易十四刚刚成为这个国家的国王时，法兰西的局势对他并不友好。

1648年，路易十四登基的第五个年头，彼时他还是个十岁的小孩子。他完全不懂什么是权力，政治上依靠他的母亲和他的宰相。当时的法国，因为战争而耗费了许多财力，宰相不得不提高税收，榨干人民的钱袋以满足法国王室的需求。这让人民怨气横生。贵族们团结在法院周围，要求法院否决宰相政令的合法性，并限制宰相的权力，特别是要他不能随便加征人民的税收。宰相不接受人民的要求，因此人民发动游行示威。

宰相担忧人民会揭竿而起，因为北方的邻国英国资产阶级革

▲少年路易十四

命正在进行。因此，宰相带着国王逃离巴黎，躲避可能爆发的起义。

贵族们也趁机作乱，企图获得更大的权力。整个法国变得一片混乱，到处都是叛乱的贵族和不满的人民。这场动荡持续了四五年，一直到 1652 年，才堪堪平定，路易十四重返都城。这给年幼的国王留下了童年阴影，他明白了如果不亲自掌握权力，那么别人就会掌握它，然后威胁到自己。

1661 年，宰相去世，路易十四开始独立掌权。他的第一道政令，就是宣布自己才是这个国家的主人，只有国王才具有统治国家的权力，只有国王才能思考和决策国家大政，只有国王才能为国家带来利益。他要求人民无条件服从他，并声称"朕即国家"。路易十四雷厉风行，他取消了法院对于政治的干涉权，让他们专司法律，而他亲自主持国家政治，不把丝毫权力分给他人。他任用底层人民，而不是贵族，因为他们身份卑微，不足以形成反抗自己的势力。

路易十四鼓励商业发展，修建水利工程，创办金融业，降低税率。在他的推动下，法国的资本主义发展迅速，法国逐渐富有。

为了镇压可能出现的起义和打击异己者，路易十四组建了几十万人的部队，上千艘战舰的航队。他用战争来为自己塑造权威。他还有许多秘密警察，这些国王的爪牙散布在国家的各个角落里，如果有人非议国王，他们就会将这些人逮捕并关入大牢里。

在路易十四的统治之下，法兰西越来越富有，越来越强大，但人民生活也越来越困难。他们在水深火热中挣扎，法兰西的高压统治让他们喘不过气来，但他们又没有力量去反抗路易十四。因此，路易

▲ 〔法国〕亚森特·里戈《太阳王路易十四肖像》

▲〔法国〕尼古拉斯·德·拉吉利耶《路易十四在凡尔赛宫接见波斯大使》

十四做到了英国国王所做不到的，他成功让整个国家屈服于他的脚下，他也被人民称为"太阳王"。

奥地利是德意志的一个邦国。当三十年战争爆发之后，德意志碎裂成一个个大小不同的邦国。奥地利就是其中之一。它并非强国，但却通过一系列战争，吞并了周边的国家，变成了一个大帝国。然而这个国家内部矛盾重重，统治它的皇帝如同行走在钢丝上，稍有不慎就会跌入万丈深渊。到了18世纪，帝国的矛盾已经变得十分严重。整个国家的每一部分都在互相冲突。地主剥削人民，人民则反抗地主；大贵族压迫小贵族，小贵族压迫农奴；政府和贵族之间也十分对立，前者要求后者上税，后者要求前者给予自己贵族特权。

为了解决这一系列问题，奥地利的女皇玛利亚和她的儿子约瑟夫不得不进行一系列改革：逐步废除农奴制度，让人民自由；要求所有的宗教教派都必须服从皇帝的指挥而不能为非作歹；限制地主和贵族的特权，限制他们利用自身权力来剥削人民。为了加强管理，建立了中央集权的政府，将地方贵族排除在政府之外；为了加强稳定，大肆招募军队，维持国家的安稳。

但与这些改革并行的是，专制政府也在加强中央集权及专制统治，不断加强着对人民和国家的控制。

皇帝打着"开明专制"的旗号推广的改革，是一种政治家的"把戏"。所谓的"开明专制"，是要求有很强能力的统治者亲力亲为，带领整个国家走向未来，让人民安乐、让国家富足。但这样的统治者并不是频繁出现的，欧洲的一些君主打着这一旗号，进行专制统治，以求掩人耳目。这并不能使他们的改革或专制顺利进行下去，譬如奥地利，在玛利亚和约瑟夫死后，奥地利的改革宣告失败，奥地利又回到了之前的模样。

普鲁士是德意志邦国里唯一能和奥地利对抗的。普鲁士本非大国，但它通过不断的战争和扩张，吞并了许多邦国，成为和奥地利一样强大的国家。

它的强国之道在于军队。普鲁士的国王们深刻地认识到军队的重要性，他们大肆扩编军队，加强对士兵的管控，严明军队纪律，并把军队的控制权牢牢把握在手里。凭借一支铁一样的部队，普鲁士便能保持不败。

到了 1723 年，普鲁士国王威廉一世不再满足于仅仅掌握一支军队，他希望将整个国家都变成他的军队。他用管理军队的方法去管理国家。

在他的统治之下，军事化成为整个社会的追求——军事化的教育、军事化的行政、军事化的管理。普鲁士被锻造出"军国主义的灵魂"，它如同一台战争机器，只要时机到了，就可以轰隆发动，然后肆无忌惮地向外扩张。

到了腓特烈二世统治时期，这种军人一样的"独裁"统治变得较为复杂。

腓特烈二世宣称自己要进行"开明专制"。他声称君主并不是国

▲腓特烈大帝在无忧宫演奏长笛

家的主人，而是公仆。他热爱文化，大力推动文学发展；他崇尚哲学，喜好音乐和美术，扶持文人并资助艺术事业。他把自己塑造成一个为追求人类精神事业而不断前进的优秀君主，文人墨客无不称赞他是真正的开明君主。

然而实际上，他将政府系于自己的手里，不允许政府部门有任何主动性，要求所有官员必须向自己负责。在他手里的普鲁士官吏，不过是提线木偶，只能完成君主交代的事务罢了。腓特烈二世十分勤劳，因为他担忧自己懒惰会让大权旁落。他对国家的掌握欲达到了一种病态的追求，"君主是国家唯一的头脑"是他信奉的哲学。"开明专制"不过是外衣，如果脱下来，他仍是一个独裁的统治者。

透过云层的光

欧洲启蒙运动，作为文艺复兴之后又一重大思想解放浪潮，其在思想领域的冲击力极为显著，直接撼动了欧洲封建制度与专制统治的根基，同时也对作为其精神支柱的天主教会构成了严峻挑战。这一运动不仅为资产阶级革命的爆发奠定了坚实的思想基础与理论支撑，更在全球范围内，尤其是在近代历史进程中，留下了不可磨灭的深远影响，推动了社会进步与思想解放的潮流。

17 世纪以后，欧洲自然科学得到飞速发展，古老的哲学和神学已经无法解释新兴科学。人们的思想逐渐从教会和传统的禁锢中解封，开始活跃且探索新的思想。这期间涌现出许多杰出人士，如牛顿等。但若以地区而论，启蒙运动的"主力军"是法国。

18 世纪初的法国依然是一个专制帝国，封建贵族们把持政治，国王奴役他的子民，人民被层层剥削，资本主义经济发展受到影响。资产阶级希望获得自由的空间来发展自己，但这与旧制度所构建的社会体系相违背，因为后者所要的是一个只满足旧贵族权益的传统社会。资产阶级需要改革才能扫除自己所面临的障碍。

既然有了改革的需求，自然要有改革的理论。资产阶级中的文人学者纷纷著书立说，他们开始批判旧制度的不合理，思考未来，改造

▲伏案工作的伏尔泰

当下。他们的宣讲启发了人民反抗传统的意识，引领人民走向一个全新的思想境界。这些引领者被称为"启蒙家"。这些人是一群具有改革精神的人物。他们批判宗教、国家、社会，否定专制，反对暴君，宣讲法律和共和，其中具有代表性的便是伏尔泰、孟德斯鸠等人。

伏尔泰是一个较为矛盾的人。他早年曾因为批判法国政府而被关入监狱，出狱之后又旅居英国，在那里他见识到了英国新兴的政治制度——君主立宪制。他对此十分着迷，并认为这就是"开明专制"的典范。

伏尔泰反对天主教，他视教士为禽兽，把天主教比作恶魔。他认为社会所有的灾难都来自教会，因此号召大家为科学及社会进步奋斗。但同时，他承认上帝的存在，他无法想象没有上帝的世界。这种"矛盾的思想"贯穿他的灵魂。

伏尔泰认为社会思想的核心是平等，法律面前人人平等，但他也承认，人类社会不可避免要出现贫富差距。如果没有这种差距，那么人类社会也要灭亡。

伏尔泰反对君主专制，赞成实行"开明专制"，认为"开明"的君主实行改革，就可以过渡到君主立宪制度。在伏尔泰看来，统治者最应该做的事情就是"消灭自己"。优秀的、开明的君主应该积极领导资产阶级消灭封建势力，完成从专制政府到法治政府的转变。

有意思的是，伏尔泰对人民群众颇有偏见，他相信政治权利及国家领导权应该由少数人掌握。他不支持贫穷的人具有选举权，也不相信那些没有钱的人能治理好国家，因为他们甚至治理不好自己。

▲ 孟德斯鸠像

　　另一位杰出的人物是孟德斯鸠。

　　孟德斯鸠出身于法国贵族家庭，曾做过法院院长。他早年写过一本讽刺专制统治的著作《波斯人信札》，这本书暗讽了法国的专制政府。孟德斯鸠在书中借人物之口表达自己的意愿。他认为如果君主不能为人民谋求幸福，反而压迫他们，那么人民也就不需要效忠君主了。

　　1734 年，孟德斯鸠发表了《罗马盛衰的原因》。他在书中指出，罗马共和国强盛的原因在于它的统治者贤明，人民忠勇，风俗质朴和制度合理。当国家财富集中到少数人手中，统治者趋于腐化，风俗败坏，这一切终会导致共和制度的灭亡。因此统治阶级的道德水平和执政方式，会影响国家的兴亡。

1748 年，孟德斯鸠耗费近三十年的心血，写出了《论法的精神》一书，他明确提出了一种新的政治制度，即三权分立。

孟德斯鸠在书中用最激烈的语言谴责暴政，他认为暴君统治破坏了整个社会，暴政也违反了人性。他谴责的暴政，就是指法国的君主专制制度。孟德斯鸠提出来一个问题：如果暴政不能被接受，那么什么样的政体才是好的呢？对此，他以三权分立回答之。

孟德斯鸠将一个国家的权力分为立法、司法、行政三个部分。认为三者应该被不同的部门掌握，不可以被一人独霸。他主张行政归于君主，司法归于法院，而立法则要交给议会。三者互不干涉，并相互制衡，这样就可以避免权力被滥用，从而避免暴君的出现。

除以上二人之外，还能担得起启蒙运动领袖的当属卢梭。

卢梭不仅是思想家，还是一位伟大的文学家，他的思想影响了法国几代人。卢梭在 1762 年发表的《社会契约论》是他的政治思想的代表作。他在该书中阐明："人是生而自由的。"

卢梭认为人人生来就是平等的、自由的，平等自由是合乎人的天性的，是自然赋予每个人的权利。他强烈呼吁民众觉醒，对压迫者进行正义的质询，对旧有制度中吞噬人性自由的元素发起猛烈攻击。卢梭深刻批判了那种将至高无上的权力集中于单一个体——即君主手中的做法，认为这是极不合理的。他指出："国王之所以渴求权力，根源在于他们渴望一个软弱、贫困且无力反抗的人民。为了巩固自身统治，君主往往会刻意维持民众的蒙昧、软弱、贫困与无知状态。"通过这些言论，卢梭不仅揭露了专制制度的本质，也激发了人们对更加公正、

▲让－雅克·卢梭像

自由社会形态的向往。他认为君主本人要么即位时就昏庸无道，要么是王位使得他昏庸无道。换言之，君主制本身必然导致君主的昏暴。他愤怒地驳斥了关于君主都是神明而人民都是牲畜的谬论。他指出：压迫者是靠暴力进行统治的，但即使是最强者也绝不会强得足以永远做主人，被剥夺了自由的奴隶终究会起来反抗的，人民是可以用暴力推翻暴君的。

相较于伏尔泰，卢梭更激进些。他理想的国家是一个直接民主的国家，人民享受自由和平等，是真正的平等，而不仅仅是法律上的。卢梭呼吁人民要为自己的平等和自由而奋斗。因为在他看来，没有什么比这两个更重要。

新大陆的崛起

北美大陆自从被发现以后，不断涌入白人。英格兰更是抢先占领了许多土地，截至 1733 年，英国在北美建立了 13 个殖民地。当欧洲大陆的各国加强他们的专制统治时，美洲的殖民地社会政治结构中逐渐出现了民主因素。

这不得不归功于殖民地的特色。美洲没有封建势力，尽管存在一些有钱有势的上层人物，但是他们与欧洲的封建贵族有本质上的区别。北美的新贵们依靠个人努力、才干及经营能力成为贵族。旧势力在北美并不存在，因此极大程度上为殖民地的民主化打开方便之门。同时殖民地盛行自治，因为这些殖民地并不具备大量的人口，它们更像是一个个小国寡民的城邦，这使得它们有能力和时间组织民众参与殖民地的各项大小事务。人民如同生活在古老的希腊时代一样，可以积极投身于公共生活之中。

而正是因为美洲殖民地的这种社会生活形式，才让当地人民无法接受英国政府的横征暴敛。

英国统治阶级在北美殖民地的扩张，其核心动机在于将这片土地转变为他们经济剥削与资源掠夺的源泉，使之成为英国工业制成品倾销的广阔市场，以及低成本原材料的可靠来源地。为实现这一经济目标，英国政府精心策划并实施了一系列政策措施。英国宣布殖民地的商品必须优先供给英国；同时殖民地的贸易必须经过英国；最后，殖民地的税率也要提高。

17世纪末到18世纪中叶，英国逐渐发现殖民地的发展速度过快，为了避免殖民地不服管教，他们又限制了殖民地对工业材料的进口，阻挡殖民地的发展。

然而这些并没有让殖民地就此停步，在经过几十年发展以后，大量的道路、桥梁、建筑物被兴建。各殖民地的交流也越发频繁，它们形成了一个整体，这加快了殖民地的发展。在此期间，英法所有的先进思想都横越大西洋，在北美殖民地上广为流传，殖民地能从欧洲先进思想中吸取营养。孟德斯鸠的理论在殖民地得到共鸣，人们都支持他的观点。但殖民地的好日子并没有持续很久。

1763年，英国开始全方面限制殖民地。两年以后，英国政府开始向殖民地加征税收。但当地人民不接受英国政府的压迫，他们拒绝使用英国的商品，不和英国贸易。直到1770年，英国政府终于表示仅征收茶税，但殖民地人民依旧不买英国的账。殖民地政府联合起来不允许英国的茶船靠岸，然而船方拒绝听从他们的命令，将船只停留在波士顿。1773年12月6日夜，激进的波士顿民众在夜色苍茫中登上茶船，把价值约15000英镑的茶叶掀入大海。当消息传到英国，愤怒的国王宣布要讨伐这些叛乱分子。他组建的军队抵达美洲。惊恐的殖民地民众不得不团结起来，他们一边积极备战，一边讨论解决方法。起初，他们希望和英国谈判，缓和双方矛盾，并作出一定的退让。但英国拒

▲乔治·华盛顿像。美国政治家、军事家、革命家，首任总统，美国开国元勋之一。1775 年至 1783 年在美国独立战争中任大陆军总司令

▲〔美国〕约翰·特朗贝尔《独立宣言》。中心人物从左边起分别为约翰·亚当斯、罗杰·谢尔曼、罗伯特·利文斯顿、托马斯·杰斐逊、本杰明·富兰克林

绝了这样的温和条件。战争不可避免，殖民地只能选择团结一战。

1775 年 4 月，英军意外地与殖民地部队在莱克星顿相遇、激战，前者死伤近 300 人，后者死伤仅是前者的三分之一。这大大鼓舞了殖民地人民的士气，他们纷纷组织起来，对抗英格兰人。但尽管到了这个地步，殖民地依然不愿意选择和英国撕破脸皮。殖民地的统治机构大陆会议在独立和自治之间摇摆不定，政客们的态度也时时变化。直到 1776 年之际，各地民众争取独立的热情如潮水般高涨，他们纷纷致信大陆会议，呼吁尽快宣布独立。约翰·亚当斯在其记录中生动描绘道："每日，要求独立的信件如同滚滚洪流，不断涌入我们的视线。"与此同时，各殖民地的革命议会及代表大会也纷纷响应民众的呼声，向大陆会议的代表们发出强烈信号，一致要求正式宣布独立。这一连串的行动，直接且鲜明地反映了广大人民对于摆脱束缚、追求自由独立的深切渴望。马萨诸塞的约瑟夫·浩利写信给塞缪尔·亚当斯说道："防止不和和纠纷的唯一办法，便是趁热打铁。人民的血太热了，以致不容许延迟——如果不马上宣布独立，一切都会陷于混乱。"

在人民的催促下，大陆会议不得不开始讨论独立的事情。1776 年 7 月 2 日，大陆会议正式宣布殖民地将脱离英国的统治，建立一个新的国家——美利坚合众国。两天以后，发表了影响世界的《独立宣言》。《独立宣言》强调了三个要点：第一，平等。强调人的政治平等和经济平等，认为这是政府必须奋斗的目标。第二，自然权利。即人一生下来就是自由平等的，自由平等是不可剥夺或割让的。这种说法提高了人民的地位，承认了个人的尊严，从理论上摧毁了专制主义存在的基础。

第三，人民主权。一切权力属于人民，政府的所有权力均源自人民的授予与信任。政府的存在，旨在遵循并服务于人民的意志，其根本目的是促进人民的福祉与保障人民的各项权利。此外，人民还拥有革命权利。当政府未能履行其职责，反而侵犯了人民的权利，甚至蜕变为损害国家与人民利益的压迫力量，且已无法挽回时，人民便有权通过革命或起义的方式，推翻这样的政府。这一权利不仅适用于推翻封建专制的政府，也同样适用于推翻曾标榜民主却背离初衷的政府。

《独立宣言》作为一部具有里程碑意义的历史文献，首次以国家的权威宣告了人民权利的至高无上与不可侵犯性。这一宣言的发布，极大地激发了北美民众的革命热情与斗志，它如同一面鲜亮的旗帜，引领着北美人民在争取独立的道路上奋勇前行。在《独立宣言》的鼓舞下，民众们满怀激情地踏上战场，以无畏的勇气和坚定的信念，向着实现国家独立的宏伟目标发起冲锋，并最终取得胜利。

血与火的赞歌

18 世纪时法国的专制王朝和贵族等级已非常腐朽了，尤其是宫廷贵族集团更成为整个贵族腐败的缩影。自路易十四死后，法国似乎一天不如一天，从强国变成二等国家。为了拯救法国的危机，解决国家的财政问题，1774 年，法国国王路易十六任用多位大臣来改革国家的弊病。但反对派的势力太大，他们频频阻挠改革，迫使改革者下台。至 1787 年，法兰西的改革实际上宣告失败。

而此时的法国，已经到了十分危急的时刻。因为国内从上到下的奢侈生活和官吏的腐败严重影响了法国的财政收入，对外战争的财政支出无法得到补充，国家财政处于破产境地已是确凿的事实。

就在这个时候，法国的资产阶级联合起来，向国王申诉，请求召开议会。而议会自路易十四的时代就已经被关闭。资产阶级不希望王权一直如此肆无忌惮地膨胀，他们希望通过较为温和的方式去改造这个国家。资产阶级希望将法国改造成实行君主立宪制的法治国家。人民是如此强烈地呼吁，以至于路易十六不得不重启议会。1789 年，他重新召开了议会，并表示希望议会以后能俯首称臣，接受自己的领导。议会断然不能接受。于是路易十六便开始图谋调动军队来镇压议会。

当议会得知这个消息之后，议员们要求路易十六作出解释，路易

▲路易十六画像

十六拒绝了。议会为了保护自己，不得不鼓动人民站起来对抗王室。被奴役了几代人的法国人民拿起枪，逐渐占领了巴黎大部分地区，但作为封建统治象征的巴士底狱还由国王的军队守卫着。巴士底狱原是军事堡垒，后改为关押政治犯的监狱，故而修建了塔楼并装有大炮。这座路易十四时期就存在的恶名昭彰的监狱如今被愤怒的人民包围，人民要求释放所有被关押的政治犯，但监狱守军拒绝了。因此，法国人民选择攻占监狱。他们的行动导致他们彻底和国王撕破脸皮。法国大革命拉开了帷幕。

巴黎市民占领了自己的城市，并把它保护起来。路易十六不得不妥协，他作出一定的让步，这极大地鼓舞了革命者的士气。革命胜利后的议会也开始了它原本所预期的那样——改革。

议会所提出的第一个改革措施就是废除国内的封建制度，彻底解放人民。不久之后，议会发表了著名的《人权宣言》。它首先明确了人与生俱来的自然权利，即自由和平等。这种自然权利通过人们的"政治结合"，就变为公民权利，那就是"自由、财产、安全和反抗压迫"。政治结合产生的是公民社会，体现出来的是"社会契约"原则。因此，最高权力来自国民，即主权在民。议会的目的是希望从根本上消灭国家内部的封建势力，让其在理论和法统上被瓦解，因此议会主张"民主"，认为国家应该交给人民而不是某一个人。

在此期间，路易十六十分反感，他拒不承认议会的所作所为，人民强迫他承认时，他才勉强接受。后来有人谣传国王要再次镇压议会，愤怒的议会军要审判贵族，并把国王置于自己的监督之下。路易十六担心事变，最终选择了妥协。

这场革命风波持续到 1790 年，出现了一个转机。路易十六秘密勾结外国的统治者们，企图镇压国内的革命者。当事情筹划到差不多的时候，路易十六逃出巴黎，准备组建军队反击，但未能成功。人民发现国王出逃以后，便宣布自己不再拥有值得效忠的国王了。

1791 年，欧洲多个国家的统治者宣称如果法国人民拒绝效忠他们的国王，那么列国就要出兵法国。双方谁都不愿意退让，于是战争不可避免。法国人很久没有经历战争的洗礼，已经对战争十分陌生。他们在多处战场上失败，而这正是路易十六所希望的。议会发现了国王在制造外国干涉，长久以来他们所压抑的怒火这一次要对国王倾泻。1792 年，巴黎人民要求废除国王，并重新组建议会，彻底摆脱所有可能掣肘自己的阻碍。8 月 10 日，人民军占领了巴黎王宫，路易十六被人民逮捕。

随后，法国议会宣布废除君主制，建立一个崭新的法国，即法兰西共和国。1793 年，共和国政府在经过讨论之后，宣布处死路易十六。从此，法国失去了他们的国王。然而法国的困难并没有因此而好转。物价飞涨，资源短缺，战争依然在进行，这一切都折磨着议会。而法国政治本身也四分五裂，议会里出现多个派系，私底下还有许多组织，人民的政治思想不能统一，导致互相掣肘。1793 年 4 月，北方的军队叛变，他们希望恢复之前的体制，这让本来就困难的共和国雪上加霜。议会内部的矛盾已经无法让他们坐下来解决这些问题。

1794 年，较为温和的吉伦特派议员被打倒，雅各宾派议员上台并

▲〔法国〕罗拜尔《攻占巴士底狱》

▲罗伯斯庇尔，法国大革命时期重要的领袖人物，是雅各宾派政府的实际首脑之一

专政。他们立刻采取了积极的方式去进行战争，他们要求所有公民都参与战争，保卫这个新生的共和国。雅各宾派还实行恐怖统治，禁止人民肆意抨击政府，这引得社会不满。巴黎几乎陷入全面声讨雅各宾派的热潮中，人民高呼"消灭暴君"，要驱逐雅各宾派。拥护雅各宾派的人民和反对雅各宾派的人民互相厮杀，这场闹剧持续到 7 月 29 日，雅各宾派的支持者被清洗。新的政府上台，但这并没有让法国变得更好，距离革命成功，还有很长一段路。

▲〔法国〕雅克·路易·大卫《马拉之死》。《马拉之死》描绘的是法国大革命时期雅各宾派领袖马拉被刺的情景

小个子皇帝

拿破仑出生于科西嘉岛一个贵族家庭，年轻的时候来法国学习，毕业后加入军队，参与了大半场法国大革命。拿破仑以其果敢的决策力、非凡的才能以及在军事领域的卓越成就，赢得了极高的声誉与民众的拥戴。他在政治上同样享有盛誉，深得人心。然而，值得注意的是，拿破仑并非民主思想的信徒。他深陷于对暴力的迷信之中，对一切持轻视态度，且个人对权力的渴望极为强烈。尽管他熟悉卢梭的著作，但更为推崇的是伏尔泰所倡导的开明君主制理论，这一倾向在他的思想与行动中得到了鲜明体现。

1794 年，为了推倒雅各宾派的恐怖统治，资产阶级发动了热月政变。然而夺取政权以后，通货膨胀接踵而来，同时到来的还有严寒。巴黎人民受苦受难，每天都有人冻饿而死。热月党人为了维护稳定，避免人民闹事，又恢复了雅各宾派的恐怖统治政策。热月党政府宣布凡辱骂国民公会代表者要送交法庭审讯，在国民公会附近聚众闹事者要镇压，为首的处死，参加的流放。人民对此愤怒不已，他们惊讶地发现自己居然支持了另一个雅各宾派。

起义接连不断，支持国王复辟的王党也伺机而动，他们在各地发动反叛，让共和国的政府疲于应对。在这种时刻，政府提拔了一位将军负责维稳，他就是拿破仑。尽管热月党政府稳定了局势，但国内的混乱逼迫他们改变体制，实现稳定，结束革命。如果按照传统的方法，走法定程序办理需要几年光景，但留给热月政府的时间不多了，政府需要更快更有效的办法。因此，热月政府的执政官西哀耶斯需要给自己准备一把能披荆斩棘的"利剑"，而这把剑必须能确保改革的顺利。西哀耶斯在所有的将军们中仔细考虑，最终选择了拿破仑。

1799 年，远征埃及的拿破仑得知法国形势后，决定返回法兰西，拯救自己的国家。10 月到达巴黎后，拿破仑得到了渴望稳定的人们的普遍欢迎，各派人物争相与他接触。但拿破仑拒绝了派别斗争，与西哀耶斯沟通之后，决定支持西哀耶斯的计划，而第一步，就是推翻现在的政府。

1799 年 11 月，拿破仑发动雾月政变，推翻了现存政府，并重组了政府。拿破仑被推举为政府领导人。人民并没有因此而恐慌，因为旧政府的表现太糟糕，以致于人民并不反感拿破仑的行为。

政变后第四天，政府官方宣布："法兰西要求伟大、持久。动荡会失去这些，因而它呼吁稳定……它要求政府行动统一。"

拿破仑上台的第一件事就是强化资产阶级的统治，巩固他们在革命中获得的胜利果实。拿破仑采用镇压与安抚并用的政策，对威胁较小的敌人重拳出击，对威胁较大的敌人则尽量化敌为友。

1800 年，拿破仑主持编写《民法典》，详细规定了资本主义的法律制度。法典总结了法国革命的经验教训，以法律形式巩固资产阶级的社会秩序，这对消除封建残余势力和发展资本主义具有重要作用。

▲〔法国〕雅克·路易·大卫《跨越阿尔卑斯山圣伯纳隘口的拿破仑》

为了安抚传统的旧派人士，拿破仑争取到了天主教教会的支持。拿破仑宣布，天主教是"大多数法国人的宗教"，可公开举行宗教仪式。天主教在法国取得合法地位。教皇也做出让步，承认法国永远取消什一税；主教由法国政府任命，教皇授职。

当国内较为稳定之后，拿破仑开始将注意力转移到国外，他开始积极采取攻势，打击欧洲大陆的敌人。1800 年，拿破仑出兵击溃奥地利军队，逼迫奥地利签订有利于法国的和约。1802 年，拿破仑又强迫英国和法国签订另一份有利于法国的和约。短短几年内，拿破仑以其出色的才干和过人的精力为法国赢得了稳定、发展和荣誉。法国大革命之所以取得巨大的成果，拿破仑·波拿巴的功绩是巨大的。

如果拿破仑不颠覆共和，那么他将是法国的第一伟人。1804 年，颁布《民法典》后，拿破仑称帝的野心进一步扩大。拿破仑羡慕那些传统的君主，因为君主无论输多少次，都是君主。而拿破仑只要输一次，就可能失去一切。到了 1804 年 2 月，企图复辟的王党依然在发动叛乱。这更让拿破仑下定决心称帝，以断绝这些反对派的念头。拿破仑的欲望，也被他的拥护者察觉。

1804 年 5 月，法国政府提议让拿破仑加冕为王。为此，政府举行公投，让人民决定这件事，结果 300 多万票中只有几千票反对拿破仑登基。民心所向，拿破仑便顺应民意，不久，拿破仑宣布登基称帝，改共和国为帝国，自己则是法兰西帝国皇帝——拿破仑一世。拿破仑大举分封，把自己的家族成员分封到各地担任统治者。

1805 年，法兰西帝国占领了意大利，拿破仑建立意大利王国，并

▲战争中的拿破仑

让自己的继子做国王。1806 年，拿破仑占领那不勒斯王国，让自己的哥哥约瑟夫担任国王，让自己的弟弟担任荷兰国王。同年 8 月，拿破仑打败神圣罗马帝国皇帝的部队，逼迫皇帝解散自己的帝国。此后，拿破仑陆续击败了奥地利、普鲁士、波兰、俄罗斯的多次进攻，并入侵了他们的国家。1807 年，欧洲列国第四次反法同盟宣告失败。已经没有人可以阻挡拿破仑的帝国扩张了，拿破仑成了悬在欧罗巴人民心头的一把剑，令法国人欢喜，令其他国人恐惧。

蒸汽时代与电气时代

地理大发现以后，西欧的海外扩张为欧洲贸易提供了更广阔的市场。印度、美洲、亚洲、非洲，这宽阔的世界因为海洋而连接紧密，庞大的消费人口拿着钱正等着从欧洲人那里购买补给。为了满足海外市场的需求，欧洲本土的工业必须得到进一步的加强，这就促使了工业革命的诞生。

英国，这个被蔚蓝海洋环抱的岛国，拥有得天独厚的地理位置优势，全国各地均紧邻海岸线，为沿海城市的工商业繁荣提供了便利条件。同时，其广阔的海上殖民地网络确保了原材料能够迅速、高效地输送到英国本土。进入18世纪后期，英国政府大力推动基础设施建设，广泛修建公路与运河系统，构建了一个覆盖全国、连接各主要工业区域的交通网络。这一壮举不仅极大地促进了商品流通与贸易往来，更为英国工商业的蓬勃发展注入了强劲动力，最终为即将到来的工业革命奠定了坚实的基础。

1733年，棉纺织业的织工约翰·凯伊发明了飞梭。飞梭的出世改变了手工穿梭的纺织方式，大大提高了纺织的效率。纺织工得以用更短的时间去纺织出更多的商品。然而飞梭的出现虽然加快了纺织速度，但棉纱的供给却跟不上纺织工的需求量，这又倒逼纺纱技术的更新。

1764 年，木匠詹姆斯·哈格里夫斯发明了一台能同时纺 8 根纱的纺织机，他以自己爱女的名字命名这台机器，称之为"珍妮机"。英国各地很快便采用了这台机器，并不断改进，以求能纺织更多的纱。

1768 年，纺织业迎来了一项重要革新，阿克莱特发明了利用水力驱动的纺纱机，相较于先前的珍妮纺纱机，它在节省人力与提升生产效率方面展现出了显著优势。然而，这两种纺纱机在产品质量上各有千秋：水力纺纱机纺制的纱线细腻，但在强度上稍显不足；而珍妮纺纱机则以其纱线的坚固耐用著称，但在细腻度上略有欠缺。为了解决这一难题，1779 年，纺织工人塞缪尔·克伦普顿巧妙地融合了二者的优点，发明了"骡机"，这一创新之举不仅继承了水力纺纱机纺纱的精细度，还兼具了珍妮纺纱机纱线的牢固性，从而实现了纺纱质量的全面提升。

纺纱机经过不断改进，很快将纺纱的速度提高了 100 倍，这又使织布的速度显得落后了。到了 1785 年，有人做出来高效率的织机。整个棉纺业在这种"技术竞赛"中得到飞速进步。而棉纺织业的革命，也带动了整个英国的工业发展。

其他与棉纺织业相关的行业，如毛、麻、丝等纺织业也采用了大规模机器生产，与纺织配套的诸如漂白等行业也实现机械化工作。大量的机器需求推动了英国钢铁工业的发展。但英国的钢铁储量并不高，进口的铁矿又偏贵，这些成为英国进一步发展不得不解决的问题。

英国的森林资源在工业革命时期所剩无几，但煤储量却十分丰富。1709 年，有人发明出利用煤来炼铁的新技术。1784 年亨利·科特发明

▲瓦特像

了搅炼法，使生铁可以炼成熟铁。而同时，炼钢技术也得到进步。不久，第一座近代化钢铁厂在英国建成。

铁和钢充足后，机器生产条件改善，工厂大规模涌现，但当时主要依赖水力作为动力。英国缺乏大量湍急的河流，这使得工厂的发展受到限制。为了让工厂能在各地建立，动力问题必须解决。早在1698年，托马斯·萨弗里已发明了蒸汽机。但这种蒸汽机不足以作为动力来源供给工厂。能作为发动机的蒸汽机，由瓦特发明。瓦特是一个实验室的研究员，他热爱科学并关注着英国的工业发展。他在1765年研发了一款蒸汽机，利用潜热原理发明了分离冷凝器。这种蒸汽机克服了之前蒸汽机的缺点，并提高了功率，但依然不能直接用于提供动力。此后十几年，瓦特持续研发改良，并在1782年发明出可以用于各种环境的"万能蒸汽机"，可以为大部分机器提供动力，极大提高了生产效率。瓦特蒸汽机的发明和完善解决了机器的动力问题，有了这种蒸汽机做动力，只要有足够的煤做燃料，就不用再受河流的限制。1785年，蒸汽机用于棉纺业。随后，蒸汽机在其他纺织业被广泛采用。

蒸汽机的革新刺激了交通运输业，新的交通工具随之而来。1783年，第一艘蒸汽船正式下水运行。1804年，火车头被发明。1825年，英国出现世界上第一条铁路，火车和铁路正式开始配套运用。交通技术的革新降低了运输成本，加快了货运周期，方便了劳动力和商品的流动，刺激了消费和生产，反过来又倒逼技术革新。

蒸汽机的广泛利用，使英国到处都建立起大工厂。那些高耸入云的烟囱，喷出缕缕烟雾，庞大的厂房，发出隆隆的轰鸣。自中世纪以来的田园风光被黑色的浓烟所打破，一个新的时代到来了。

▲瓦特蒸汽机模型

咱们工人有力量

工业革命深刻变革了英国社会，工厂激增，生产规模扩大，工人数量剧增。机器与工厂制度剥夺了工人的自由，强化了雇主对工人的剥削，工人无法拒绝高强度工作，只能依赖工资为生。城市工厂隔绝了工人与农村的纽带，工人失去土地与农业技能，仅剩工人身份。

而工业革命最重要的影响之一，就是无产阶级的形成。工业革命带来了生产方式的转变，特别是机器大工业的出现和发展，需要大量劳动力来满足工业部门的运转需求。而这些从传统农业劳动中分离出来的工人，因失去了自己的生产资料，只能出卖劳动力维持生计，这种经济上依赖占有社会生产资料的工厂主的关系，使这些工人成为一个特定的社会阶层，即无产阶级。

工业革命不但产生了工人阶级，也给工人阶级带来苦难。为了追求效率，工厂主不再要求工人学会全部的"手艺"，而是将工人变成流水线的一环，让他们跟随着机器运转，这使工人失去了劳动上的主动性。机器的采用，也把大量的妇女和儿童卷进劳动力市场。1835 年，在英国棉纺织厂 22 万左右的工人中，13 岁以下的儿童约占 4.9 万，13 岁至 18 岁的少年约占 6.6 万，成年妇女约占 6.7 万。

工业推进城市化发展，随着城市化的进行，那些贫穷的妇女和儿

▲〔德国〕阿道夫·冯·门采尔《轧铁工厂》

童失去了维持生计的土地，如果不劳动，他们很有可能饿死。而在这种不平等的劳务关系中，工厂主们大肆剥削女工和童工，以求削减开支。处于弱势的女人和孩子不得不接受这来自"大人物"的"施舍"。

随着女工与童工的广泛使用，众多破产的小手工业者沦为无产者，失业人口激增，导致工厂主趁机大幅降低工人工资。那些贫穷的工人们家徒四壁，房屋简陋，加之收入降低，城市消费水平高于乡村，有些人努力工作一天，得到的工资却付不起这一天的口粮。工人甚至不如古典时代的奴隶，至少奴隶主们会心疼自己的财产而让奴隶活得舒服些，以此保证奴隶效忠。但工厂主不需要，尽管工厂主和工人均具有被法律保护的、人人平等的尊严和人格，工厂主却完全将其忽视了，他们的灵魂为了赚取金钱而堕落腐败。

工业革命后工人阶级斗争最初以破坏机器为主，因当时工人尚未意识到资本主义制度才是苦难根源，而非机器本身。

随着工人力量的增强，特别是觉悟的提高，工人开始认识到团结起来进行斗争的重要性。

19世纪初的英国，工人组织在工会引领下，多次发起罢工斗争，甚至诉诸武装反抗资本家剥削。同期，欧洲大陆工人运动兴起，如法国里昂与德国西里西亚的工人起义。

里昂，这座法国纺织业重镇，汇聚了近9万名纺织工人，他们长期遭受资本家残酷剥削，工作繁重而薪资微薄。1831年11月21日，里昂工人怒火中烧，从罢工迅速演变为武装起义，并于23日夺取全城控制权。然而，这场起义仅持续两周即被政府军镇压。1834年，里昂工人再次揭竿而起，但起义再次以失败告终。

西里西亚是德国的纺织业中心，是当时亚麻布的主要产地。这里的纺织工人生活最为困难，他们要忍受贵族、工厂主乃至商人的层层剥削，即便没日没夜工作也养不活一家人。他们要求提高工资，但得到的只是羞辱和殴打。

饱受资本主义与封建主义双重剥削、压迫的工人们，生活困苦至极，饥饿与寒冷如影随形。1844 年 6 月 4 日，西里西亚纺织重镇彼得尔斯瓦尼达渥的织工们，因不堪忍受剥削，聚集于企业主茨凡奇格尔宅前，集体要求加薪，却遭其无情拒绝并斥之离去。这一事件瞬间点燃了织工起义的导火索。次日，愤怒至极的工人们团结一致，采取激烈行动，不仅焚烧了工厂主的住宅，还捣毁了他们的工厂，并将工厂物资分发给同样遭受苦难的民众，以此表达对不公待遇的强烈反抗。

没过多久，起义队伍的规模扩充到几千人，他们向周围的工厂进发，要求解放工人，提高薪水，并支付起义队伍一笔钱。这些工厂主当面答应条件，背后却找来军队。起义者手无寸铁，只有木棒和长矛，难以对抗拥有长枪大炮的军队。起义者敌不过前来镇压的政府军队，轰轰烈烈的起义也归于失败。

这两次起义虽然失败，却宣告了一个重大讯息——无产阶级已经以独立的力量出现在历史舞台上了。

大胡子爷爷

在 19 世纪早期，欧洲工业发展迅速。资本主义生产在英、法、德等国的发展，使生产社会性同生产资料私人占有之间的矛盾日益凸显。1825 年，英国首次遭遇了资本主义经济危机的冲击，此后，此类危机大约每隔十年便周期性重演，并逐渐蔓延至更多国家，直至 1847 年演变为一场全球性的经济动荡。这些周期性的经济危机对社会生产力造成了深重打击，给广大劳动人民带来了无尽的苦难与困境。时人逐渐意识到，资本主义制度并非完美的制度，它依然存在缺陷，也应该得到更正。然而如果资本主义不好，那么哪一个是更好的呢？有人给出一个新颖的答案——共产主义。

资本主义的发展也为共产主义的诞生创造了前提条件。因为它引起了社会阶级关系的剧烈变化，"整个社会日益分裂为两大敌对的阵营，分裂为两大相互直接对立的阶级：资产阶级和无产阶级"。有钱人统治着世界，底层人民却依然在搬运砖石。人类文明看似得到了快速发展，实则是又一个奴隶制的时代。区别不过在于，奴隶主的鞭子从有形变成无形。

资产阶级完全遗忘了他们统治的基石来自何处，更忘了是谁帮助他们推翻了封建势力。如今的资产阶级已经被金钱腐化，成为一个个穿着华丽衣服的"国王"。

　　自 19 世纪 30 年代起,欧洲接连爆发了三大工人运动高潮:法国里昂工人起义,旨在推翻封建统治;英国宪章运动,诉求政治权利;德国西里西亚织工起义,反抗资本与封建的双重剥削。这些运动标志着工人斗争的焦点已从个人自由转向群体权益的争取,无产阶级与资产阶级的对抗迈入新阶段。这一系列事件彰显了无产阶级作为革命力量的潜力与决心,预示着实现共产主义理想必须依托组织化、团结一致的无产阶级。无产阶级革命斗争的蓬勃发展,既对革命理论的指导提出了迫切需求,也为理论体系的形成奠定了坚实的实践基础。在此背景下,马克思与恩格斯携手登上历史舞台,共同探索并推动了科学社会主义理论的发展。

　　马克思出生于德国,他的家境不错,父亲是启蒙学派的律师,因此马克思从小就接受了比较开放的思想教育。大学毕业以后,马克思投入到反抗专制和维护民主的事业当中。1842 年,马克思开始为《莱茵报》工作,因为工作原因,他接触到大量的底层人民。当他了解到底层人民的苦难之后,开始思考这一切问题的根源。马克思认为造成这种局面不是因为某一个人,而是整个社会制度的问题,他将责任认定为官僚政府的失灵。在此期间,他也开始向共产主义转变。马克思在《共产主义和奥格斯堡"总汇报"》一文中指出:共产主义问题已"具有欧洲的意义""应该把它当作目前的重要问题",进行"理论论证"。

　　1846 年,马克思和他的朋友恩格斯创立了一个共产主义的组织,并开始积极和欧洲的共产主义群体沟通。一年之后,因为他们二人的

▲马克思像

影响力，欧洲共产主义最大的一个组织"正义者同盟"邀请他们参与。

1847 年 6 月，正义者同盟在伦敦召开首次代表大会，虽然马克思未亲临现场，但恩格斯积极参与其中。大会采纳了马克思与恩格斯的重要建议，决定将正义者同盟更名为共产主义同盟，并确立了"全世界的无产者，团结起来"这一振奋人心的口号。同时，明确了同盟的宗旨——即通过传播并努力实现财产公有的理念，以解放全人类。次年，在第二次代表大会上，恩格斯亲自撰写了新的《同盟章程》，该章程明确了同盟的目标旨在推翻资产阶级政权，建立无产阶级的统治，并构建一个无阶级、无私有制的新社会。这一系列举措标志着一个崭新的、具有明确革命纲领的党派正式诞生。

共产主义者同盟的第二次代表大会上，代表提议拟写宣言来明确

▲恩格斯像

纲领。会后，恩格斯和马克思受同盟的委托拟写《共产党宣言》。《共产党宣言》满怀信心地宣布：共产党人的目的"只有用暴力推翻全部现存的社会制度才能达到。让统治阶级在共产主义革命面前发抖吧。无产者在这个革命中失去的只是锁链。他们获得的将是整个世界。全世界无产者，联合起来"！

《共产党宣言》是国际共产主义运动的第一个纲领性文件，它的问世标志着马克思主义理论的完成。列宁在1895年指出："这本书篇幅不多，价值却相当于多部巨著：它的精神至今还鼓舞着、推动着文明世界全体有组织的正在进行斗争的无产阶级。"

19世纪五六十年代，资本主义主导的世界体系已经形成，资产阶级领导了整个世界的运作。但这并没有为资本主义带来优势，反倒因此引发了世界性经济危机。危机给工人带来困难，他们的待遇越来越恶劣，以至于失业。这引发了工人的不满，欧洲各地都爆发了工人罢工运动，抗议政府和资本家的所作所为。各国的工人都成立了自己的工会组织，以保护自身利益。

1863年，波兰人民为反抗沙皇暴政而起义，沙皇的严酷统治激起了欧洲民众的广泛不满。在此背景下，各国工人自发集结，走上街头，游行示威，敦促各自政府向俄国施压以声援波兰。其中，英、法两国的工人展现出前所未有的团结力量。次年，即1864年，以这两国工人为核心的代表团在伦敦集会，共同召开了一场旨在支持波兰起义的盛大群众大会。会上，来自不同国家的工人代表汇聚一堂，纷纷表达了对波兰人民斗争的坚定支持。英国代表率先宣读了《英国工人致法国工人书》，呼吁"各国人民应携手并进，共筑团结之桥"！随后，法国代表也发表了《法国工人致英国工人书》，强调"唯有团结一致，我们才能自救于水深火热之中。"

这一时期，欧洲工人运动显著特征之一是无产阶级国际主义团结的日益巩固与增强，这一趋势为构建国际性的无产阶级群众革命组织奠定了坚实的基础。

铁血宰相

当欧洲各地区都已经出现统一政权时，德意志各个邦国之间矛盾复杂，资源分配不平衡导致它们谁都无法强大起来。眼看他国强大，德意志却只能落后，这让各邦国的心态极不平衡。更重要的是，德意志的分裂状态很容易让他国入侵这里。当德意志人回想起拿破仑的时候，他们只会感觉到恐惧，没有一个人愿意让暴君统治自己。因此，德意志的资产阶级和无产阶级都希望统一。资产阶级希望以此获得更多的财富、更高的地位。而无产阶级则希望有一个更强大、更稳定的国家存在，以保护人民的安全。

1859 年以后，随着意大利民族解放运动的胜利，图林根的民主派和普鲁士的自由派在集会上要求用一个以普鲁士为首的强大的中央政府去代替邦联议会。越来越多的学者、名流纷纷呼吁德意志的统一，他们毫不掩饰自己的观点，他们就是希望普鲁士统一德意志。

当然，不是谁都支持统一。德意志的邦国君主们并不欢迎普鲁士，甚至反对普鲁士来统一，因为普鲁士会将他们的权力通通剥夺。相比之下，他们更希望奥地利继续领导德意志的邦国，因为奥地利人并不关心统一。

然而统一德意志已经是民心所向、大势所趋，时代的潮流正为普鲁士统一德意志推波助澜，这是任何人都无法阻止的。既然统一已经是必然，那么如何统一、由谁统一，自然是重中之重。当时的普鲁士存在着三股力量。第一股力量是资产阶级，然而普鲁士的资产阶级诞生得太晚，力量薄弱，他们无法蓄积起足够的力量完成统一；第二股力量是无产阶级，但无产阶级手无寸铁，他们甚至没有足够的话语权，难以强迫政府，因此他们也不行；最后一股力量是代表封建统治的贵族们，他们掌握政府，手握军队，他们是最有能力统一德意志的力量。

　　德国统一的进程，是由当时各股力量的对比所决定的，其中普鲁士王朝的贵族阶层因其强大的实力脱颖而出，成为完成统一大业的不二之选。这一历史使命的实现路径，最终确定为通过王朝战争的方式达成。值得注意的是，普鲁士能够成功通过这一道路实现统一，很大程度上归功于其宰相俾斯麦的卓越才能与不懈努力。

　　俾斯麦是一个顽固的专制主义者，具有强烈的权力欲。他崇尚暴力，讨厌"人文主义者喋喋不休的说教"。他有着专横暴戾的作风，又恃才傲物、盛气凌人。他是一个完美的"父权制社会"下诞生的统治者。俾斯麦的政治理念在他 30 岁左右就

▲奥托·冯·俾斯麦像

▲普鲁士国王威廉一世像

形成了，即君主专制是最完美的政治形式，德意志必须统一且必须由普鲁士统一。

1859 年，普鲁士国王威廉一世希望改革军事，以加强普鲁士的军事力量和军队对国王的忠诚。但议会拒绝通过这项议案。这件事拖延了三年，国王和议会发生重大冲突，双方谁也不愿意退让。绝望中，国王甚至想以退位来结束这场无休止的争端。为了解决这个难题，国王需要一个强有力的助手。俾斯麦就此上台。

1862 年，俾斯麦担任普鲁士宰相。就任几天后，俾斯麦向议会宣布了他的态度，他说："德意志所瞩目的不是普鲁士的自由主义，而是它的威力……普鲁士必须保持它的威力……当代的重大问题不是通过演说与多数人的决议所能解决的……而是要用铁和血。"他以绝对强势的姿态要求议会服从他，但议会拒绝了。因此，他于 1862 年 10 月解散议会，并开始了专属于他的长期统治。

俾斯麦在此期间，不经议会同意便征收新税。为了限制反对声音，发出限制新闻出版自由的法令。他继续推行威廉一世的军事改革计划。当议会和其他热爱民主自由的人批评俾斯麦时，他高呼道：普鲁士不是英国，这里的内阁不向议会负责；在发生宪法上的纠纷时，只有国王有权力决定一切。

之后，俾斯麦为了打击那些反对他的资产阶级，主动联合了无产阶级人士。后者要求俾斯麦实现普选制，让所有的无产阶级也有权利参加选举和被选举。俾斯麦同意了，那么无产阶级也理所当然地支持俾斯麦的雄图霸业。当传统封建残余和无产阶级联合起来之后，普鲁士的资产阶级已经没有实力去反对什么了。他们只能顺应时代，顺应俾斯麦的政策。如果说普鲁士还有过共和和自由，那么自俾斯麦上台开始，它便逐渐枯萎，乃至消亡了。俾斯麦如同古代的祭司，他献祭了人民的自由，获得了推行一切的权力。

1864 年，为了夺回属于德意志人的遗产，俾斯麦发动了与丹麦的战争，将丹麦的石勒苏益格和荷尔施泰因两个地方夺走。因为俾斯麦希望通过对丹战争提高普鲁士的威信，并借此练兵。

1866 年，俾斯麦发动了与奥地利的战争，逼迫奥地利退出德意志联邦，其留下的权力真空则由普鲁士继承。普鲁士代替奥地利，领导德意志邦国。

1870 年，是最关键的一年。俾斯麦发动了和法兰西帝国的战争，他要彻底将外国势力逐出德意志地区。曾经强大的法兰西帝国被普鲁士人击败，其统治者拿破仑三世被俘获，整个法兰西的大军崩溃，甚至连首都都丢了。至此，德意志统一再无阻碍。

1871 年，在俾斯麦的帮助下，普鲁士国王威廉一世登基加冕，成为德意志帝国皇帝，俾斯麦则为帝国宰相。

可以说，俾斯麦亲手打造了一个统一的德意志。此后德国资本主义迅速发展，在世界上成为举足轻重的工业强国。

▲〔德国〕安东·冯·沃纳《威廉一世在凡尔赛宫宣布成为德国皇帝》

还记得罗马吗？

　　意大利地区和德意志地区堪称难兄难弟。因为意大利同样没有形成统一的国家。19 世纪开始，意大利四分五裂，君主专制横行。整个意大利只有撒丁王国是君主立宪制国家，共和理念较为突出。

　　19 世纪，随着欧洲的战争频发，意大利人发现完成统一的机会来了。如果现在不将意大利统一起来，那么以后可能就再也没有机会了。因此，摆在意大利人民面前的历史任务便是通过驱逐外国势力和消灭分裂状态完成统一。既然统一已是大势所趋，那么就要解决两个问题：谁来统一？怎么统一？

　　历史选择了撒丁王国，并让撒丁王国以武力统一了意大利。1852年，撒丁国王任用加富尔为首相，开始了一系列改革。加富尔加强了国家的基础设施，推动工商业迅速发展，又改革了国防军事体系，增强了国家的军事力量。同时，加富尔积极参与意大利的政治外交活动，并呼吁意大利各国反对他国干涉，因为意大利是意大利人的意大利。

　　加富尔的这些措施增强了撒丁王国的国力，提高了撒丁王国在意大利和整个欧洲的地位和声望，得到了意大利各邦资产阶级自由派的支持，许多中小资产阶级也开始把统一的希望寄托在加富尔身上。意大利的共和派领导人曼宁发表声明说："为了祖国大业，再一次采取了

克制和牺牲的行动……'建
立意大利，我就站在你的一
边……'"1857年，加富尔
筹建了"意大利民族协会"，
让曼宁担任主席，加里波第
担任副主席，把相当大的共
和派力量集中到他的间接领
导之下。

　　尽管舆论已经形成了，
但撒丁王国依然不具备统一
意大利所必需的强大武力。
因为意大利的北部被奥地利

▲加富尔像

人占据。奥地利人的武力是撒丁王国难以抗衡的。加富尔认为自己的
力量难以推翻奥地利在意大利的统治，因此他必须联合另一个强大帝
国，才能对抗奥地利。于是加富尔选择了法兰西的皇帝，请求法国统
治者驱逐奥地利人，帮助意大利人建立一个以意大利为首的意大利王
国。法国统治者出于国际均衡主义的考虑，接受了这一建议。加富尔
促使两国结成联盟，并准备讨伐奥地利人。

　　1859年，加富尔在意大利部署了一系列行动：加强军队，筹集军
费，修筑要塞，组织意大利各地的"意大利民族协会"成员筹划起义
配合战争。意大利人民已经忍受封建统治太久了，分裂、破碎的故土
让他们感觉窒息，愚者的话语散布着令人恐慌的毒气，那些早已觉醒

的人不再接受统治者的"虚情假意"了，他们要通过实际手段解决意大利的一切问题。而办法，就是战争。意大利各地相继爆发起义，愤怒的资产阶级带领人民驱逐了封建贵族，摆脱了奴役者的束缚，他们打开城门，欢迎加富尔以及那些愿意解救意大利的协会成员。加里波第更是得到热情欢迎。一年以后，加富尔在意大利中部各邦国举行了全民公投，他让人民选择他们的未来。人民毫无意外地支持统一，这些地方纷纷并入撒丁王国。

意大利统一战争的阶段性胜利，鼓舞了临近它的西西里岛。此时此刻，西西里人还被西班牙奴役。西班牙人毫无人性地对待这些"少数民族"，认为西西里就应该被剥削。人民一方面被贵族们剥夺财产，一方面又要为政府缴纳税收。在这种反复压榨之下，西西里人终于起来反抗。他们宣布效法意大利，反对西班牙统治。加里波第立刻组建军队，远征西西里，支持西西里人的起义。一年之内，他就带西西里人打败了敌人。不久，他又要跨越海峡，进军那不勒斯，也就是南意大利。他要彻底统一意大利。然而加里波第的野心让加富尔忌惮，加富尔一方面需要这么一个精兵猛将来统一意大利，一方面

▲朱塞佩·加里波第像

又担心他的存在影响了撒丁王国的"收益"。加富尔本质上还是撒丁王国的首相，而不是意大利统一运动的领导人。加富尔让国王艾曼努尔命令加里波第不要渡过海峡进攻那不勒斯。加里波第这样答复国王的命令："意大利目前的局势不允许我服从您的命令……如果我现在无视人民的呼唤，我就没有尽到自己的责任而使神圣的意大利的事业毁于一旦。所以，请允许我这一次不服从您的命令。一旦我完成了我的义务，把人民从可恨的枷锁下解放出来，我将在您的脚下放下我手中的宝剑，在我的余生中永远服从您的命令。"

1860年，加里波第征服了意大利及西西里大部分地区，他所到之处，都举行了公民投票。人民最终同意加入撒丁王国，撒丁国王成为意大利国王。到了1866年，普鲁士和奥地利爆发战争，意大利支持普鲁士人。在两面压力下，奥地利被打败，普鲁士胜利。奥地利不得不吐出最后一块土地。

1870年，普法战争爆发。法国在意大利的力量被迫撤走。最后干预意大利统一的国家撤离。不久，意大利的军队就把罗马城从教宗手里夺走。意大利真正地统一了。意大利的统一无疑标志着历史的一大进步，因为它为资本主义的繁荣铺平了道路，消除了诸多发展障碍。统一后的意大利，各邦之间的关税壁垒得以瓦解，度量衡和货币制度实现了统一，这不仅促进了商品与服务的自由流通，还极大地激发了经济活力。铁路与公路的建设进入了快车道，交通网络的完善极大地便利了商品交换与人员往来，从而催生了统一的民族市场。这一系列变革，为意大利资本主义经济的迅猛发展注入了强劲动力。

沙皇的野心

19 世纪前期，奥斯曼帝国衰落，引起欧洲列强的觊觎，俄国、英国、法国都虎视眈眈，想趁机宰割这个曾经强大的帝国。自 18 世纪末起，俄国便对江河日下的奥斯曼垂涎三尺，恨不得将它的版图尽数占有。俄国的沙皇们一直保持着对古老的罗马帝国的幻想，他们先是夺走奥斯曼的黑海北岸，然后是南方。沙皇们想要征服奥斯曼帝国，然而这必然引起西欧列强的反对。

1848 年至 1849 年，沙皇介入东欧政治风云，并帮助奥地利人成功镇压了匈牙利的革命运动，此举提高了俄罗斯在东欧的国际地位。为了应对本国的政治危机和缓解社会问题，俄国沙皇决定利用有利的国际环境，选择发动战争，准备攻打土耳其，转移国内的注意力。

1853 年，俄国入侵奥斯曼，奥斯曼惨败，奥斯曼的军事力量根本不如俄国。这严重影响了西欧各国的利益，各国担忧奥斯曼的失败最终会复刻拜占庭帝国的结局，同时催生出另一个强大的"罗马帝国"。君主时代在西欧已经结束了，欧洲人不能容忍另一个统治者的专制。因此，英法组建军队，干预俄奥战争，希望打败俄国，维持奥斯曼的统治。

如果将俄国和奥斯曼相比，俄国显得很优秀。但如果将俄国和英、

▲尼古拉一世像。尼古拉一世是俄罗斯罗曼诺夫王朝第十五位沙皇，俄罗斯帝国第十一位皇帝

法相比，那么它就太落后了。俄国的滑膛枪射程甚至不到英法军队所使用的来复枪的一半；俄国的海军舰队还是以大型的木质帆船为主，但英法海军得益于工业革命，已经开始使用蒸汽铁船了。这种武器代差让俄国的士兵苦不堪言。而其国内也是同样的糟糕：他们缺少铁路，不能快速运输补给；军队官员贪污腐败严重，军纪也非常一般。反倒是英法联军，在共和与民主的沐浴下，士兵知道自己为何而战，知道自己最终的归属，每个人都以自己的祖国为荣。而俄国士兵，只是被沙皇驱赶到这里作战的苦难人，他们的士气远不如英法联军。

1856年，在其他国家的干预下，俄国最终失败，国际地位一落千丈。俄国国内震动，统治者终于认识到，如果不能解决内部矛盾，那么外部危机就无法解除。

俄国，一个深陷落后封建农奴制泥潭的国家，在与工业实力雄厚的资本主义强国——英国与法国的对峙与冲突中，其统治者被彻底惊醒。这场力量悬殊的较量，让俄国统治者深刻意识到，唯有摒弃陈旧的农奴制度，加速推进资本主义工业化进程，才是引领俄国走向复兴与强盛的正确道路。

俄国的各阶层都已经催生出"改革"的预想，然而真正逼迫他们开始改革的原因，是自1856年开始每年几十次乃至上百次的农民起义。

由于俄国的特殊国情，国家掌握军队，人民愚昧不堪，自下而上的改革难以形成。最终，不得不由封建贵族和君主完成为保护自己阶级利益而不得不做的改革。1861年，沙皇亚历山大二世签署了《1861年2月19日宣言》和《关于脱离农奴依附关系的农民法令》。

▲亚历山大二世的加冕礼

▲〔俄国〕格里戈里·米亚索迪夫《阅读 1861 宣言》

　　法令宣布农民实现人身自由，地主再也不能买卖、交换农民，也不能干涉农民的家庭生活。农奴们拥有人身自由，可以和其他的自由人一样进行各种活动。其次，法令宣布农奴不享有土地，土地所有权依然归于地主。农奴如果想购买土地，就必须缴纳一笔巨额赎金，这笔钱可以从政府那里借贷，但最终必须连本带利归还。最后，法令宣布，农奴的村庄允许民主选举管理者，但必须服从上级的安排。

　　农奴制废除以后，沙皇政府又在其他方面实行一系列改革。亚历山大二世力主在地方建立服从中央的行政机构，加强中央集权。为了迎合民意，允许这些行政机构以自治的方式管理地方。然而几乎所有的重要官员都来自贵族。换句话说，沙皇借着民主共和的外衣，给自己戴上了一顶看似先进的王冠，带着所有披上资产阶级披风的贵族们，继续做着他们一如既往腐败的事情。如果说有什么改革令人耳目一新，也许从西方引进的司法改革颇具代表性，但这不足以说明整个改革运动是完全进步的。以上所有的一切，都只是让统治者的权力更加安稳，并没有改变沙皇专制的局面。

　　诚然，1861 年的俄罗斯改革虽由农奴主阶层主导，但其核心内容与影响却深刻体现了资产阶级改革的特质。此次改革不仅剥夺了地主对农民的封建性统治权力，更将超过 2100 万的农民从农奴制的沉重枷锁中解放出来，这是一次深刻的社会解放运动。为了顺应这一经济基础的变革，改革还对上层建筑进行了必要的局部调整，以适应新的经济关系。这一系列变革有力地推动了俄国资本主义的发展进程，标志着农奴制在俄国历史上的终结，成为了一个具有划时代意义的重大转折点。

最伟大的美国总统

　　随着工业革命的发展，大量移民从欧洲流入美国。劳动力的扩张和技术的革新促使美利坚的生产力大幅度提高。1790年，塞缪尔·斯莱特引进新式纺纱机。以此为标志，美国进入了工业革命阶段。几十年以后，美国的工业总产值增长了近9倍，仅次于英、法、普（普鲁士），居世界第4位。

　　然而这一切美好的景象仅限于美国北部的几个州，南方各州依然盛行传统的奴隶制经济。北方工业的蓬勃发展，就如同嗷嗷待哺的孩子，它急切需要祖国母亲喂给它一种名叫"劳动力"的东西，但这种东西却被南方各州牢牢掌握。大量奴隶本应该成为自由人，然后进入资本主义社会，被资本家剥削，但现在，他们在南方各州的庄园里被压榨。南部的奴隶主们在庄园里生产原材料以卖给欧洲，然后再从欧洲人手里购买进口工业品。其中的利益不能被北方资本家获取，严重阻碍了美国资本主义经济的发展。这种冲突随着惠特尼发明了轧棉机而愈演愈烈。这种新发明提高了庄园棉花的产出，促使奴隶制经济迎来新的春天，于是那些奴隶主变本加厉地掠夺劳动力，并扩张自己的庄园。

　　在美国的地理与经济版图上，北部与南部之间存在着显著的差异与冲突。北部地区渴望获得充足的自由劳动力资源，以支撑其工业发展，而南部奴隶主却顽固地将数百万黑奴束缚在种植园内，限制了劳动力的自由流动。同时，北部工业急需棉花等原材料作为生产基础，但南部的奴隶制经济却带有浓厚的殖民地色彩，其产品大多流向了英国、法国等欧洲国家，而非满足国内需求。

进一步而言，北部工业产品亟需南部作为广阔的消费市场，然而，由于南部黑奴群体普遍贫困，他们几乎无法承担购买工业品的费用，这严重制约了北部商品的销售与市场的拓展。此外，在贸易政策上，北部资产阶级倾向于提高关税，以保护本国工业免受外来竞争的影响，而控制联邦政府的南部奴隶主则出于自身利益的考量，极力主张降低关税，以便从国外进口更为廉价的商品，这一分歧进一步加剧了南北之间的经济矛盾。

1854 年，堪萨斯爆发一场骚乱。奴隶主们要求在堪萨斯建立奴隶制，避免资本家染指这里，但堪萨斯人民拒绝奴隶主的无理要求，发生了一次小规模的战争。这场堪萨斯内战成为美国内战的序曲。三年以后，奴隶主们强迫美国最高法院承认奴隶制在美国是合法的，也就是说，无论一个奴隶跑到哪里，他都是奴隶主的财产。令人失望的是，最高法院承认了。

1860 年，美国进行总统选举，共和党候选人亚伯拉罕·林肯当选。林肯的当选，成为美国内战爆发的导火索。林肯是一个较为激进的人，他既是共和党人，又是北方人，对南方的奴隶制经济不屑一顾，并认为这严重妨碍了美国的发展。林肯曾说："'希望'二字对于人的努力和幸福具有不可思议的力量。"林肯对奴隶制的反对，来自他对穷人的同

▲〔美国〕乔治·彼得·亚历山大·希利《林肯肖像》

情。他坚信，穷人只要努力，终有一天可以发家致富。而这种从穷到富的转变，形成了社会的阶级流动，使社会不致于僵化，可以保持活力。这在资产阶级掌权的资本主义社会体系下是可能实现的。

林肯的上位，被奴隶主们视为奴隶制破灭的序章，他们不得不思考接下来应该怎么做，思考自己的未来在哪里。1861 年，在林肯发表就职演讲以前，南方各州宣布独立，他们自称要组建一个名为"美利坚诸州同盟"的政治实体，并向北方发动战争。4 月 12 日，同盟军不宣而战，攻占了北方多个要塞。林肯试图和谈，但南方同盟拒绝了。不得已，4 月 15 日，林肯向南方同盟宣战。

尽管北方具有强大的工业基础，但在开战之初，北方却惨遭一连串的失败。整个国家被南方打得四分五裂，就连首都华盛顿也险些被南方占领。北方在战场上的屡次失败，主要原因在于北方缺乏战争准备，士兵都是仓促之间召集的，没有经过训练，也缺少将才。总之，整个北方没有来得及进行适应战争需要的调整。

1862 年 9 月 24 日，林肯总统签署了具有历史意义的《解放宣言》，正式宣布自 1863 年起，所有叛乱州的奴隶将获得自由。这一宣言的发布立即产生了深远影响，导致南方大量奴隶逃离种植园，纷纷投奔联邦军队，并表达了参军抗击叛乱的强烈意愿。到 1864 年，联邦军队中的黑人部队已壮大至 166 个团，总人数超过 12.6 万。

与此同时，林肯政府还颁布了《宅地法》，该法案规定，任何支持并拥护联邦共和国的成年公民，仅需支付 10 美元的登记费，即可从国有土地中申请获得一块土地。这一政策极大地激发了联邦士兵的战斗意志和广大民众的革命热情。

这一系列革命措施与改革，不仅显著增强了北方军队的战斗力，还广泛动员了北方民众参与到维护国家统一的斗争中。从 1863 年夏季起，北方军队开始转入反攻阶段，并在同年 7 月的葛底斯堡战役中取得决定性胜利，从此掌握了战争的主动权。

随着战局的不断推进，南方军队逐渐陷入困境。1865 年，南军主力部队在罗伯特·李将军的带领下，被北军重重包围，最终被迫投降。这场旷日持久的美国内战最终以北方的全面胜利告终，国家得以重新统一。

天皇与将军

1867 年日本的孝明天皇驾崩，由年仅 16 岁的睦仁继位，是为明治天皇。明治时代，日本受外国侵略已久，是半殖民地半封建社会。日本人不堪奴役，奈何幕府将军却认为，只要不动摇他的权力，人民的死活便与他无关。

因此，幕府并没有积极抵抗外国势力，这使人民极为不满，各地都掀起了推翻幕府统治的运动。1868 年，在萨摩、长州两藩军队的协助下，倒幕派发动政变，以天皇的名义发布"王政复古"的诏书，宣布废除幕府将军制，将政权归还给天皇。当时幕府将军德川庆喜正住在京都，手下尚有大军，认为必须有所作为，才能继续坐稳江山。于是幕府军队分为两路，向京都进发，妄图推翻新政府。幕府的两路军队分别在鸟羽、伏见两地与倒幕派军队遭遇。经过激战，倒幕派军队大获全胜。德川庆喜眼看局势崩溃，不得不俯首称臣，无条件接受了天皇的安排。1869 年，明治天皇彻底平定了各地支持幕府的势力，开始了他的雄图霸业，他要效法西方，维新自强。明治政府做了以下几件大事：

废藩置县。政府废除藩制，把全国划分为府、县，由中央政府任免知事和县令。这就一举消灭了封建割据，形成中央集权的统一国家，并在事实上废除了封建领主土地所有制，成为维新运动中一次深刻的变革。

废除封建身份制度和取消武士特权。政府逐渐剥夺了旧统治阶层所享有的各种特权，废除了对平民的各种封建性限制，并准许华族、士族与平民通婚，实现了皇族、华族、士族、平民形式上的"四民平等"。

土地改革。政府采取了全面丈量土地的措施，并向实际占有土地者颁发土地执照，以此正式确认并保障其土地所有权。此项改革的核心目标是确保民众拥有足够的土地资源，同时建立合理的税收体系，以防止土地过度集中和兼并现象的发生，进而维护社会的稳定与和谐。这一系列举措标志着日本土地所有制发生了根本性的变革，彻底颠覆了以往幕藩封建领主对土地的控制权，使得自耕农和新兴地主阶层成为了法律上认可的土地所有者，为日本社会的现代化进程奠定了坚实的基础。

然而仅是这样，还不足以让日本强大。他们需要做更多，需要更了解自己面对的是什么样的世界。因此日本政府组建了一支考察团，要求他们游历欧美，去了解那些国家，去认知那些国家，更重要的是，要将那些国家强大的秘密带回日本。此后，一份份报告由考察团发给了明治元老们。后者参照这些考察报告，提出"殖产兴业""文明开化"和"富国强兵"三大政策，作为明治维新的指导方针。

明治政府为加速日本资本主义的发展，采取了积极的殖产兴业政策。这一政策的核心在于利用国家政权的强大力量，通过制定和实施

▲〔意大利〕爱德华多·吉欧索尼《明治天皇像》

一系列有针对性的政策措施，以及以国有企业为引领，紧密模仿西方的成功经验与模式。在这一过程中，政府大力扶持和促进日本国内资本主义企业的成长与壮大，为经济社会的转型注入了强劲动力。然而日本的产业兴盛却有些剑走偏锋，大部分兴盛的产业，要么是军工企业，要么是能为战争提供必要帮助的企业。日本的一切变革都在朝着战争的路线发展。

明治政府积极倡导并实施了一项名为"文明开化"的文化运动，旨在通过广泛吸收西方资本主义国家在教育、文化科学、生活方式等领域的先进成果，来彻底革新日本的封建文化根基，进而构建起符合资本主义精神要求的全新精神文明体系。在这场深刻的变革中，新政府毅然废除了长期占据主导地位的以儒学为中心的封建教育模式，转而借鉴西方国家的成功经验，构建起一套包括小学教育、中学教育、实业教育以及高等教育在内的全面而系统的近代学校体系。同时，政府还致力于在全社会范围内大力推广初等教育，努力提升国民的整体文化素质和科学素养，为日本的现代化进程奠定了坚实的基础。

日本政府认为中世纪以来的传统文化已经严重影响了日本发展，为了解决日本的发展危机，旧有的文化也不得不随之消散，在他们看来，这是合情合理而且显而易见的。为了让日本文明先进、国家强大，传统文化必须被改造，乃至抛弃，一切阻碍新文化的传统，必须被改造。

但这种偏激的行为并不完全有利于国家发展，因为一国一族一人的根本皆是来自其土地所孕育的文化，盲目地改造自己的文化，并视外来文化为拯救日本的唯一办法，这种具有"皈依者"性质的狂热，对一个人、一个民族乃至一个国家都是严重的精神伤害。

富国强兵。富国强兵是重中之重，对于明治政府而言，之所以要维新变法，就是为了富国强兵。在"富国强兵"战略框架下，军制的革新占据了举足轻重的地位。这一变革的倡导者是山县有朋，他明确提出，改革军制的双重目标在于"对内镇压叛乱，维护稳定；对外增强实力，彰显国家威严"。由此可见，"富国强兵"政策不仅旨在提升国家防御能力，以抵御外部侵略，更隐含了巩固统治、镇压国内反抗势力以及对外扩张的意图。在这一背景下，新式军队应运而生，被赋

▲日本明治维新时期图片

予了"皇军"的尊称,其背后是深植于军人心中的对天皇的绝对忠诚与崇拜。通过灌输封建忠君思想,军队被塑造成天皇意志的坚定执行者,进一步强化了国家的军事机器。"富国强兵"政策的深入实施,虽在一定程度上推动了日本的经济与军事实力增长,但同时也加速了其走向对外侵略扩张的不归路。这一政策导向下的日本,逐渐滑向了以武力为手段,追求国家利益和领土扩张的黑暗深渊。

明治维新有它的进步意义:它实现了社会形态的更替,使日本社会由落后的封建历史阶段过渡到资本主义阶段,让日本快速发展,得以摆脱被殖民统治的苦难岁月。

五一国际劳动节

　　19 世纪 80 年代开始，随着欧美资本主义国家经济的高速发展，工人数量急剧增加，随之而来的就是代表工人的团体和组织、工会运动普遍兴起。1889 年，欧美有 13 个国家建立了全国性或地区性的行业工会，仅德国社会民主主义工人联合会就有近 24 万人。工会组织有效地领导了这个时期的工人运动。

　　工人运动之所以兴起，原因依然是整个社会制度的不完美。资本家为了赚更多的钱，就压榨工人的剩余劳动价值。他们逼迫工人每天工作十几个小时，但工人得到的却远远不如付出的多。无法解决温饱，这是工人遇到的常态问题。工人们无数次举行游行示威，无数次发动罢工，但得到的只是资本家们的轻蔑和嘲笑。在耐心消磨殆尽以后，工人们最终放弃了对资产阶级的期望，接受了马克思、恩格斯的共产主义思想，认定了如果想维护自身权益，就必须团结起来同资本家斗争。于是欧美各国的工人政党如雨后春笋，从各地冒了出来。他们的态度虽然各不相同，但根本性质一样，那就是：他们都是由无产阶级组建的政党，他们都是为了维护无产阶级的权益。

　　1886 年，美国芝加哥工人发动"五一"大罢工，该运动迅速发展为全国总罢工，共 30 多万工人参加。芝加哥、纽约、波士顿等各大城

市的工人群体纷纷走上街头，表达他们的抗议和不满。工人们所要求的很少，他们仅希望政府能通过立法来保护工人的合法权益——每天只工作 8 个小时。这场声势浩大的工人运动不仅影响了美国，而且影响到整个欧洲。欧美各国的许多重要人士，特别是工人运动的领袖们，都在密切关注着美国的"五一"工人运动，这使美国政府备感压力。最终，美国政府不得不承认这次工人运动的结果，资本家们不得不宣布周六、周日休息，8 小时工作制被执行，工人的工作时间被大大缩短，8 个小时用来工作，8 个小时用来休息，8 个小时属于自己。

这次罢工的胜利在世界上产生了深远影响，它极大鼓舞了各国工人运动的士气。各工人党派更是以此为基础，提出针对欧美各国的资产阶级政府的"政治诉求"。

1889 年 7 月 14 日，在法国巴黎这座历史名城，国际社会主义工人代表大会隆重召开，汇聚了来自全球 22 个国家、共计 393 位杰出的工人领袖。他们跨越国界，心怀共同的目标与愿景，齐聚一堂，旨在明确并坚定他们所追求的理想与奋斗方向。此次大会达成了一项具有里程碑意义的决议，深刻指出：单纯依赖劳工的经济组织，如工联和工会，虽重要却不足以实现工人阶级的全面解放。因此，必须强化一个立场坚定、绝不向其他政党妥协的社会主义政党，同时发起针对资本主义统治的政治斗争，以推动社会变革。决议强调，唯有全球无产阶级作为一个团结的阶级力量，在国际上携手合作，通过夺取政权、剥夺资本阶级的生产资料并将其转化为公有财产，才能真正实现劳动与人类的全面解放。此外，大会还针对那些赋予工人选举权的国家提出

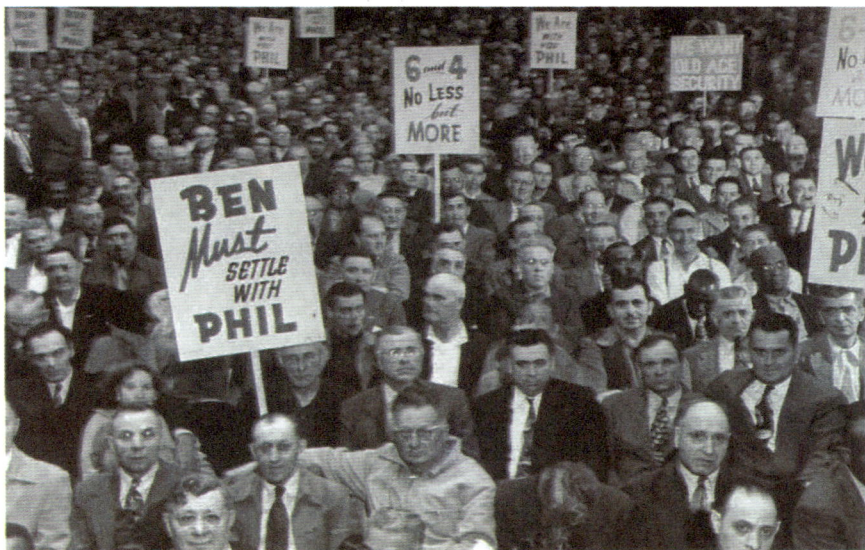

▲芝加哥工人罢工历史图片

了具体行动指南，鼓励无产阶级充分利用手中的投票权，在现有制度框架内积极斗争并夺取政权。这一战略考量，展现了无产阶级斗争的灵活性与策略性。大会的另一项重要成果是通过了《关于庆祝五一节的决议》，这是一项具有深远影响的倡议，它号召全球各国的工人在1890 年 5 月 1 日这一天组织游行集会，以此作为工人阶级团结与斗争精神的象征，进一步推动国际社会主义运动的发展。

　　大会的确立，形成了第二个"国际共产主义联盟"，也就是第二国际。在此时期，第二国际的影响不可谓不大：

　　它促进了更多的国家建立工人政党，数十个国家的工人政党都是因为第二国际而形成的。

它推动了议会斗争。在第二国际的号召下，各国工人政党大多数能利用资产阶级的议会制度，组织发动群众开展合法斗争，揭露资产阶级，扩大社会主义的影响，并迫使各国资产阶级政府作出让步，在不同程度上提高了工人的政治和经济地位。

它推动了各国工人运动的进一步发展。在第二国际的号召下，各国无产阶级每年都在5月1日举行游行和罢工。1890年5月1日，欧洲和北美等地区的工人同时举行了大规模示威游行。这一天，恩格斯兴奋地写道："今天的情景定会使全世界的资本家和地主看到：全世界的无产者现在已经真正联合起来了。"此后每年5月1日，都有大规模工人游行发生，遂成为惯例。"五一游行"是世界无产阶级第一次统一的联合行动，千百万工人加入游行示威，加快了社会主义思想的传播。"五一国际劳动节"从此成为全世界无产者团结战斗的共同节日。

最后，它使得社会主义运动冲出了欧美。在第二国际的影响下，国际共产主义运动向宽广方向发展，冲出了欧美地区，广泛渗入到拉丁美洲、大洋洲和亚洲。在这些地区，工人开始建立社会主义政党和组织。第二国际对中国革命十分关注，国际局及各国党多次发表宣言或决议，谴责西方列强对中国的侵略，声援中国人民的斗争。在此期间，社会主义思想开始传入中国，中国的志士仁人和革命家在第二国际的影响下，开始从一个新的高度考虑中国革命的问题。

亚非拉的黑夜

亚洲

　　1894 年，日本悍然发动了侵略中国的战争，史称"甲午战争"。双方先后进行海陆作战，大清的北洋舰队，败于日本海军，遭到全军覆没的命运。此后不久，中日签订《马关条约》。《马关条约》使西方列强看到中国势力的衰微，此后掀起瓜分中国的狂潮，扩大并加深了帝国主义对中国人民的侵略和压迫。1898 年，德国强迫清政府订立《胶澳租借条约》，将山东划为德国的势力范围。1899 年，清政府和法国签订《广州湾租借条约》，规定广州湾（今湛江）及附近海面租借给法国，从此云南、两广大部地区成为法国的势力范围。同年，英国强迫清政府订立了《中英展拓香港界址专条》，强租了深圳河以南、九龙半岛界线街以北及其附近岛屿的中国领土，即所谓"新界"，租期99 年。此后，英、法、俄、德、日、美等帝国主义列强既互相勾结，又互相争夺，掀起了瓜分中国的狂潮。中国被帝国主义列强分割成一块块势力范围，标志着中国社会半殖民地化程度进一步加深。

　　不仅如此，列强对于势力范围的划分也在亚洲各地进行。1876 年，日本入侵朝鲜，逼迫朝鲜和日本签订不平等条约。美国、英国、德国、

意大利、俄国和奥匈帝国，都同朝鲜缔结了类似的不平等条约。

除此之外，在中东、印度、东南亚，同样的悲剧在不同的时空发生，这一时期，从土耳其到中国，一批批具有开明思想和解放精神的知识分子逐渐意识到，必须作出变革了。社会各阶层人士也都从各自的社会视角出发，提出了不同的救亡图存的方案。然而这些方案大部分都失败了，或者说得不到理想的成功。无论是东亚的西学东渐、维新变法，抑或是甘地非暴力不合作的主张，越南具有封建统治性质的勤王运动，还是菲律宾具有机会主义性质的独立运动，最终都没有得到理想的结果。失败的原因多种多样，但最重要的一点，就是大家都对旧的制度存有幻想，认为可以改造它，譬如将君主专制改为君主立宪制。但时代变了，在列强的干预之下，已经没有那么多试错机会来让人民选择最适合的道路。

非洲

1876 年，埃及政府宣布财政破产，埃及人无力偿还高额的负债。英法联合意大利和奥匈帝国组成整理埃及债务委员会，直接干预埃及内政。该委员会对埃及财政实行双重控制，国家的收入受英国人管辖，支出由法国人管理。在欧洲人的统治下，横征暴敛是家常便饭，埃及人民苦不堪言，只能走上反抗的道路。1881 年 9 月，埃及的爱国将军艾哈迈德·阿拉比率领开罗部队起义。英国人立刻宣布镇压。在阿拉比领导下，全国上下齐心协力保卫祖国，抗击英国侵略者。然而仅仅一年时间，阿拉比失败，埃及彻底被英国人占领，沦为殖民地。

▲〔英国〕路易·威廉·德桑吉斯《弗朗西斯·爱德华·亨利·法夸森中尉在勒克瑙赢得维多利亚十字勋》。1857 年 5 月，在印度爆发了抗英独立战争。战争席卷了整个印度的六分之一领土。这场独立战争沉重地打击了英国殖民统治。在起义迅猛发展的过程中，逐渐形成了以德里、勒克瑙、章西等大城市为中心的起义据点

北非马格里布的阿尔及利亚、突尼斯和摩洛哥三国也在19世纪末20世纪初先后被英法瓜分。19世纪70年代中叶起，西方列强在撒哈拉以南的非洲也加快了侵略的步伐。英国占领冈比亚、塞拉利昂、黄金海岸、尼日利亚的沿海地区和南非殖民领地。法国占有塞内加尔、几内亚、象牙海岸（今科特迪瓦）和达荷美（今贝宁）的沿海地区。葡萄牙据有安哥拉、莫桑比克。西班牙拥有以后被称为西属撒哈拉的地方。

1876年，比利时国王利奥波德二世在布鲁塞尔主持召开了一场具有历史意义的国际地理会议，吸引了包括比利时、英国、法国、德国、俄罗斯以及奥匈帝国在内的六大强国参与。此次会议的一个重要成果是"国际非洲协会"的成立，该协会在各国设立分支机构，共同致力于探索并"开发"非洲——这一当时被视为地球上唯一尚未被现代文明触及的大陆。随着协会的成立，一场针对非洲的殖民狂潮悄然兴起，各帝国主义国家纷纷摩拳擦掌，竞相争夺非洲的广袤土地。在欧洲列强的贪婪目光下，非洲不幸沦为一块任人宰割的"点心"，而所谓的"文明"欧洲人则毫不留情地挥舞着枪炮这一冷酷的"刀叉"，对非洲进行了"合理"却极其残忍的瓜分与掠夺。

拉丁美洲

1889年10月，一场由美国倡议并主办的美洲国家会议在华盛顿隆重召开，汇聚了来自18个国家的代表。会上，美国高举"美洲人民利益共通"的旗帜，积极倡导构建一个泛美组织框架，旨在"加深南北美洲各国在经济与文化层面的紧密联系与合作"。会议最终决定成立一个名为"美洲共和国国家联盟"的机构（后于 1901 年更名为泛美联盟），并设立常设机构"美洲各国商务局"于华盛顿，由美国国务卿亲自领导，以此作为促进美洲国家间合作与交流的平台。然而，美国的这一举措背后实则暗含深远政治图谋，旨在拉拢并巩固与拉丁美洲各国反动政权的关系，为其在西半球的扩张与霸权地位铺平道路。1895 年，当英属圭亚那与委内瑞拉之间爆发边界争端，英国采取强硬措施封锁委内瑞拉港口时，美国迅速抓住时机，直接介入争端，展现了其在美洲地区的影响力与干预意愿。1897 年，美国与委内瑞拉达成协议，双方同意设立一个包含美国代表在内的仲裁法庭，以解决与英属圭亚那之间的边界问题，此举不仅彰显了美国的调解能力，也让英国在事件中感受到了前所未有的挫败与屈辱。

自此以后，美国的地位在拉丁美洲逐渐上升，逐步取代了英国长期以来的优势地位，成为该地区不可忽视的重要力量。这一系列事件不仅加深了美洲国家间的复杂关系，也标志着美国霸权主义在拉丁美洲的进一步渗透。

而在拉丁美洲，由于资本主义工业的发展，各地都在上演"美国内战"时期的事情，拉丁美洲各国以此为鉴，相继宣布废除奴隶制。1888 年，巴西摄政伊莎贝拉公主签署了废除奴隶制的法令。公主在签字时使用的是废奴主义者送给她的一支金笔，故这项法令在巴西历史上被称为"金法律"。巴西的这项法令，宣布了奴隶制在拉丁美洲彻底消亡。这算是在黑暗的帝国主义时代的一缕光明。

历史人物

哥伦布：伟大的探险家与地理大发现的先驱

哥伦布（1451—1506）是一位极具传奇色彩的人物，他的探险活动不仅深刻地重塑了世界的面貌，开辟了新航路，引发了地理大发现的时代，还促进了不同文明之间的交流与碰撞，加速了全球化的进程。同时，他的探险也留下了许多值得深入思考和探讨的问题，如探险背后的动机，对新发现土地上原住民的影响，以及这一系列事件如何塑造了现代世界的政治、经济和文化格局等。

探险梦想的萌生

哥伦布于 1451 年出生在热那亚共和国（今意大利西北部）的一个普通的工人家庭。尽管家庭并不富裕，但哥伦布从小就展现出了对海洋的无限向往。他 14 岁起就爱上了航海，对未知世界的探索充满了无尽的热情。

哥伦布早年深受马可·波罗的影响，后者是著名的威尼斯探险家和商人，他的游记让哥伦布对东方充满了好奇和向往。因此哥伦布从小立志成为一个航海家，像马可·波罗一样去探索未知的世界。他深信"地圆说"，坚信通过向西航行可以到达东方的印度和中国。

▲哥伦布雕像

为了实现自己的探险梦，哥伦布四处游说，向葡萄牙、西班牙、英国、法国等国的国王请求资助。然而，他的计划最初遭到了拒绝和嘲笑。许多人认为他的想法是荒诞不经的，甚至有人把他当作江湖骗子。但是，哥伦布并没有放弃，他坚持自己的信念，一直不断地寻求支持。

伟大发现

1492 年，哥伦布终于得到了西班牙女王伊莎贝拉一世的支持，开始了他的第一次探险航行。他率领 87 名船员，乘坐三艘帆船，从西班牙的巴罗斯港出发，开始了向西航行的征程。经过两个多月的艰苦航行，他们于 10 月 12 日抵达了巴哈马群岛的一个岛屿，哥伦布将其命名为圣萨尔瓦多。这一发现震惊了整个世界，哥伦布也因此成为地理大发现的先驱者。

在接下来的几年里，哥伦布又进行了三次航行，探索了加勒比海地区、中美洲等地。他的探险活动不仅发现了新大陆，还推动了欧洲与美洲之间的交流。哥伦布的发现引发了欧洲各国对美洲的殖民探索热潮，为后来的殖民扩张奠定了基础。

然而，哥伦布在美洲的探险过程中也犯下了许多错误和罪行。他对待美洲原住民的方式过于残忍和野蛮，强掠豪夺、滥杀无辜。这些行为引起了人们的争议和谴责，也使得哥伦布的历史地位变得复杂而多面。

哥伦布的影响

哥伦布的发现开辟了新大陆的时代，对全球的政治、经济和文化格局产生了深远影响。他的探险活动不仅推动了欧洲与美洲之间的交流和融合，也促进了地理学、航海学等领域的发展。哥伦布的发现还激发了欧洲人对未知世界的探索热情，推动了大航海时代的到来。

哥伦布的历史地位复杂且多面，他既是一位杰出的探险家，被誉为地理大发现的先驱，其航海壮举开启了欧洲对新世界认知的大门；同时，他也是一个充满争议且行为涉及罪行的人物。哥伦布的探险活动对美洲原住民造成了深远的影响，给原住民带来了巨大的痛苦和无法估量的损失，他的到来开启了欧洲对美洲的殖民扩张，导致原住民文化的破坏、资源的掠夺以及无数生命的消逝。这一历史事实引发了后世对殖民主义、种族主义以及人类历史上不平等交换的深刻反思，哥伦布的名字也因此成为了探讨这些复杂历史议题时不可或缺的一部分。

麦哲伦：大航海时代的巨擘

麦哲伦（1480—1521）的一生充满了冒险与发现。他的航海梦想和坚韧不拔的品格，让他成为了大航海时代的巨擘。他的故事激励着后世的探险家和航海家们不断前行，探索未知的世界。

航海梦想的孕育

1480 年，在葡萄牙北部的波尔图，诞生了一位日后改写世界地理版图的伟大航海家——斐迪南·麦哲伦（全名费尔南多·德·麦哲伦）。他出身于一个没落的骑士家庭，然而，这并未束缚他探索未知世界的梦想。10 岁时，他就被送入王宫服役，这段经历不仅让他接触到了当时最顶尖的社会阶层，更使他感受到了海洋的神秘与诱惑。

麦哲伦的航海梦想的实现并非一蹴而就。在青年时期，他加入了葡萄牙国家航海事务所，并参与了阿尔布奎克的远征队，这段经历让他积累了丰富的航海知识和经验。他在非洲、印度和马六甲海峡等地的探险，不仅让他对世界的地理结构有了更为清晰的认识，更激发了他对未知世界的无限好奇。

然而，麦哲伦的航海计划最初并未得到葡萄牙国王的认可。国王认为东方贸易已经得到有效的控制，无需再去开辟新航道。面对这样的困境，麦哲伦并未放弃，他坚信地球是圆的，并梦想着通过一条西向航线抵达东方。这一梦想最终促使他离开了葡萄牙，前往西班牙寻求新的机遇。

环球航行的筹备与启程

在西班牙，麦哲伦的才华和勇气得到了塞维利亚要塞司令的赏识。1518 年，他得到了西班牙国王查理五世的支持，并开始了环球航行的筹备工作。他精心组建了一支由五艘船组成的船队，其中最著名的是旗舰"圣母玛丽亚号"。船队的准备工作异常繁琐，包括装备的采购、

▲菲律宾宿务的麦哲伦十字架

粮食和水源的储备，以及船员的招募和培训等。

等一切准备就绪后，1519 年 8 月 10 日，麦哲伦率领船队从西班牙塞维利亚港出发，开始了人类历史上第一次环球航行。船队在大西洋中航行了 70 天左右，于 11 月 29 日到达巴西海岸。在接下来的航行中，他们遭遇了前所未有的挑战和困难。然而，正是这些挑战和困难，塑造了麦哲伦坚韧不拔的品格，也让他成为大航海时代的杰出代表。

环球航行的挑战与成就

在环球航行的过程中，麦哲伦展现出了非凡的胆识和勇气。他率领船队穿越了狂风巨浪的大洋，抵达了未知的陆地。然而，在 1521 年，当船队来到菲律宾的马克坦岛时，麦哲伦却遭遇了当地部落的袭击。在这场激战中，他身负重伤，不幸去世。

麦哲伦的去世无疑给船队带来了巨大的打击。然而，船队并未因此放弃环球航行的目标。在胡安·塞巴斯蒂安·埃尔卡诺的指挥下，船队继续向西进发，最终成功返回了西班牙的塞维利亚港口。这次环球航行不仅证明了地球是圆的，更开辟了人类历史上的新航线，对后世的航海事业产生了深远的影响。

德川家康：战国风云中的崛起与统一

德川家康（1543—1616）是日本历史上一位杰出的政治家和军事家。他凭借过人的才智和坚定的信念，在日本战国时代的乱世中逐渐崛起，最终完成了日本的大一统。他的治国理念和成就对日本产生了深远的影响，也为后人留下了宝贵的财富。

乱世孤主：德川家康的早年生涯

德川家康是日本战国时代到江户时代的杰出政治家和军事家，江户幕府初代征夷大将军，被后人尊称为"东照神君"。

德川家康，原名松平元康，后改名家康，出生于三河冈崎城（现爱知县冈崎市），是冈崎城主松平广忠的长子。他出生于一个战乱频繁的时代，自幼便经历了家族兴衰、权力更迭的残酷现实。他的父亲松平广忠因政治斗争流亡他乡，德川家康也因此被送往今川氏作为人质，度过了充满磨难的童年。

然而，正是这段经历，锻炼了德川家康坚韧不拔的意志和卓越的政治智慧。他学会了如何在困境中求生，如何在政治斗争中保持清醒的头脑。这段经历，为他日后成为一代枭雄奠定了坚实的基础。

霸业初成：德川家康的崛起之路

德川家康的崛起之路，充满了艰辛与挑战。

首先，他通过与织田信长结成同盟，共同对抗强敌。在桶狭间之战中，织田氏大败今川氏，德川家康也借此机会摆脱了今川氏的束缚，获得了独立。此后，他全力经营三河国，积极发展势力，为日后的统一大业奠定了基础。

在统一的过程中，德川家康表现出了卓越的政治智慧。他善于运用外交手段，通过联姻、结盟等方式，不断扩大自己的势力范围。同时，他也注重内政建设，推行一系列改革措施，提高了国家的经济实力和军事实力。

在多次的战争中，德川家康都表现出了出色的指挥才能和英勇无畏的精神。他善于运用兵法，把握战机，多次以少胜多，以弱胜强。他的军事才能，赢得了士兵们的尊敬和信任，也为他赢得了更多的盟友和支持者。

一统天下：德川家康的治国理念与成就

德川家康最终实现了对日本的统一，开创了江户幕府时代。

他注重忠诚和忍耐的品质。他认为只有忠诚于国家和人民，并且能够忍耐困难和挑战，才能够取得成功。这种品质不仅体现在他个人

▲徳川家康画像

的品行上，也体现在他的治国理念中。他强调君臣之间的忠诚和信任，强调人民的忍耐和奉献精神，这为国家的稳定和繁荣奠定了坚实的基础。

他深受儒家思想和道德观念的影响。他相信通过道德教育和行为准则，可以维护社会的和谐和稳定。他推行儒家教育，强调尊老爱幼、尊重传统价值观等道德观念，为社会的和谐稳定提供了思想保障。

他注重内政建设和经济发展。他推行了一系列改革措施，如土地制度改革、税收制度改革等，提高了国家的经济实力和军事实力。同时，他也注重文化建设，支持文学、艺术等文化事业的发展，为日本的文化繁荣作出了重要贡献。

伏尔泰：法国启蒙之光

　　伏尔泰（1694—1778）是法国启蒙时代的一颗璀璨巨星，他的生平为我们展示了一个充满智慧和勇气的时代精神。他的作品和思想不仅为我们提供了宝贵的精神财富，更为我们追求自由和真理指明了方向。在今天这个充满变革和挑战的时代里，我们更需要继承和发扬伏尔泰的精神，为人类的进步和发展贡献自己的力量。

巨星的成长

　　在法国璀璨的启蒙时代，有一位巨星以其智慧、才华和勇气照亮了历史一隅，他就是伏尔泰。

　　伏尔泰于 1694 年 11 月 21 日出生于法国巴黎一个中产阶级家庭。他的父亲弗朗索瓦·阿鲁埃是一名公证员，后任审计院司务，母亲玛莉·玛格丽特·杜马则来自普瓦图省的一个贵族家庭。伏尔泰是家中的第五个孩子，从小便展现出了卓越的语言天赋和写作才能。在路易勒格朗学院接受教育期间，他学习了拉丁语和希腊语，后来还精通了意大利语、西班牙语和英语。

文学与哲学的辉煌

伏尔泰是一位多产的作家，他的作品涵盖了戏剧、诗歌、小说、散文、历史和科学等多个领域。据统计，他创作了超过 21000 封信件和两千多本书和小册子。这些作品不仅展现了他的文学才华，更体现了他对社会的深刻洞察和批判精神。

在文学方面，伏尔泰以其讽刺和幽默见长，通过生动有趣的情节和精准的人物塑造，揭示了社会的种种弊端和矛盾。他的代表作书信集《哲学通信》和小说《老实人》等作品，以其独特的风格和深刻的内涵，赢得了广泛的赞誉和影响。

在哲学方面，伏尔泰是启蒙思想的重要代表人物之一。他主张理性至上，反对封建专制。他的哲学思想对法国乃至整个欧洲的思想界产生了深远的影响，为后来的法国大革命和民主运动奠定了思想基础。

一生的坎坷与奋斗

伏尔泰的一生充满了坎坷和奋斗。他从小就对政府和天主教会持有猛烈的攻击态度，因此多次与法国当局发生争执，甚至多次入狱和被流放。然而，这些挫折并没有击垮他，反而使他更加坚定了自己的信仰和追求。

在人生的道路上，伏尔泰始终保持着对自由和真理的追求。他勇

▲伏尔泰雕像

敢地挑战权威和旧有观念，用自己的笔和口为人类的进步和解放呐喊。他的智慧和勇气不仅赢得了人们的尊敬和敬仰，更成为激励人们追求自由和真理的力量源泉。

伏尔泰去世后留下了丰富的遗产和深远的影响。他的作品和思想不仅为法国乃至整个欧洲的思想界和文化界注入了新的活力，更为后来的法国大革命和民主运动提供了重要的思想基础。他倡导的自由、平等和理性等观念成为现代社会的基本价值观之一。

卢梭：自由之魂与启蒙之光

卢梭（1712—1778），法国伟大的启蒙思想家、哲学家、教育家、文学家。他是18世纪法国大革命的思想先驱，启蒙运动最卓越的代表人物之一。主要著作有《论人类不平等的起源和基础》《社会契约论》《爱弥儿》等，提出"天赋人权""人民主权""自然教育"等思想，深刻影响了后世政治哲学和教育学。他的一生历经坎坷，但思想深刻，对人类社会有着重要贡献。

思想萌芽

在18世纪的法国，一位名叫卢梭的年轻人悄然崭露头角，他的思想如春雷般震撼了当时的社会。卢梭早年的生活并不顺遂，他出生在一个普通的家庭，但天生就拥有对自由与平等的渴望。这种渴望在他年少的经历中逐渐转化为对社会不公的深刻认识，也孕育了他日后成为启蒙运动重要思想家的基础。

▲ 让－雅克·卢梭像

卢梭早年的经历充满了波折。他曾在不同的家庭中做过仆役，也曾在巴黎的图书馆中度过无数个日日夜夜，阅读了大量的书籍。这些经历不仅锻炼了他的意志，也拓宽了他的视野。他开始对社会现状进行深刻的反思，并逐渐形成了自己独特的思想体系。

在卢梭的思想中，自由和平等是两大核心。他认为，人生而自由，但无处不在的枷锁却让人们失去了这份自由。他批判了当时的社会制度，认为那是一种对人们自由意志的压制。同时，他也看到了人与人之间的不平等，这种不平等不仅体现在财富和地位上，更体现在人们的精神世界中。卢梭认为，只有消除这种不平等，才能真正实现社会的和谐与进步。

著作与思想传播

卢梭的著作是他思想的结晶，也是他传播思想的重要工具。他的代表作品包括《论人类不平等的起源和基础》《社会契约论》和《爱弥儿》等。这些作品不仅在当时引起了巨大的反响，也对后世产生了深远的影响。

在《论人类不平等的起源和基础》中，卢梭深入探讨了人类不平等的起源和发展过程。他认为，人类最初是平等的，但随着私有制的出现和社会分工的发展，人们之间逐渐产生了不平等。这种不平等不仅导致了社会的矛盾和冲突，也阻碍了人类的进步。卢梭的这一观点对当时的社会制度提出了质疑，也为后来的社会改革提供了理论支持。

　　《社会契约论》是卢梭的另一部重要著作。在这本书中，他提出了社会契约理论。他认为，国家的合法统治权来自人民的共同意志，人们通过签订社会契约将权力交给国家。但国家必须保护人民的自由和权利，否则人民有权推翻它。这一理论对当时的政治体制提出了质疑，也为后来的民主革命提供了理论武器。

　　《爱弥儿》则是卢梭关于教育的一部著作。他认为，教育应该遵循自然法则，尊重儿童的个性和兴趣。他批判了当时的教育制度，认为那是一种对儿童的束缚和压制。卢梭的这一观点对当时的教育界产生了巨大的冲击，也为后来的教育改革提供了思路。

卢梭的影响

　　卢梭的思想对后世产生了深远影响。他的自由和平等观念不仅激发了人们对自由和权利的渴望，也推动了社会的进步和发展。他的社会契约理论为后来的民主革命提供了理论支持，也为现代国家的建立奠定了基础。他的教育思想则推动了教育改革的进程，为后来的教育制度的建立指出了方向。

　　然而，卢梭的思想在当时也引起了争议和批评。有些人认为他的思想过于理想化，难以在现实中实现。也有些人认为他的思想过于极端，容易引发社会的不稳定。但无论如何，卢梭的思想都为人类社会的进步和发展作出了重要贡献。

乔治·华盛顿：美国的奠基者与灵魂

华盛顿（1732—1799）的一生充满了传奇色彩。他从一个普通的测量员成长为美国的开国元勋和伟大的军事领袖；从一名政治家转变为一位深思熟虑的治国者。他的一生是对美国民主和自由精神的最好诠释和体现。他的事迹和精神将永远激励着后人不断追求进步和自由。在华盛顿的领导下，美国从一个弱小的殖民地成长为一个强大的国家；从一个分裂的邦联发展为一个统一的联邦。华盛顿为美国的独立和发展做出了不可磨灭的贡献，成为美国历史上最伟大的人物之一。

早年经历：从测量员到军事领袖

在 18 世纪的弗吉尼亚州，一位名叫乔治·华盛顿的青年以其坚忍不拔的精神和卓越的智慧，开启了他传奇般的人生旅程。1732 年 2 月 22 日，华盛顿出生于弗吉尼亚的威克弗尔德庄园。身为种植园主之子，他自幼便生活在一个富裕且充满机遇的环境中。然而，华盛顿并未沉醉于家族的财富和地位，而是怀揣着对未知世界的渴望和对自我价值的追求，踏上了探索的道路。

华盛顿早年在母亲的严格管教下，掌握了土地测量、牲畜饲养等技术，并凭借这些技能开始独立谋生。17 岁时，他从威廉与玛丽学院取得测量员执照，开始了他的职业生涯。

华盛顿的职业生涯并非一帆风顺。他曾参与过法国和印第安人的战争，面对法军的强大攻势，他毫不畏惧，勇敢战斗，展现出了卓越的军事才能。战争结束后，他回到弗吉尼亚，开始涉足政治。1759 年至 1774 年，他担任弗吉尼亚下议院议员，期间他积极倡导独立和自由，反对英国的殖民统治。

独立战争：铸就辉煌的英雄史诗

1775 年，美国独立战争爆发，华盛顿被任命为大陆军总司令。面对强大的英军和内部的分裂势力，华盛顿展现出了非凡的领导才能和坚定的信念。他以身作则，严于律己，赢得了士兵们的尊敬和信任。在他的领导下，大陆军经历了无数次的战斗和挫折，但始终保持着高昂的斗志和坚定的信念。

华盛顿在战争中不仅注重战术的运用，更重视士兵的训练和装备。他参与制定训练计划，并亲自检查士兵的训练情况。他还积极争取各州的支持，为大陆军提供充足的物资和装备。在他的努力下，大陆军的战斗力得到了极大提升。

经过 8 年的艰苦奋战，华盛顿终于领导大陆军取得了胜利。1783 年，美国与英国签订了《巴黎条约》，正式宣告了美国的独立。华盛顿也因此成为了美国历史上最伟大的军事领袖之一。

▲〔美国〕埃玛纽埃尔·洛伊茨《华盛顿横渡特拉华河》

治国理念：构建民主与自由的基石

战争结束后，华盛顿面临着重建国家的艰巨任务。他深知只有建立一个民主、自由的政府体系，才能确保国家的长治久安。因此，他积极参与了制宪会议的工作，并主持制定了《美利坚合众国宪法》。这部宪法奠定了美国政治制度的基石，为美国的民主和自由提供了坚实的保障。

在担任总统期间，华盛顿始终坚持自己的治国理念。他主张国家独立和统一，反对分裂和倾轧；他坚持共和制原则，反对君主制；他认为权力永远属于人民，政府应该为人民服务并受到人民的监督。这些理念贯穿了华盛顿的整个政治生涯，也为美国的政治制度奠定了基础。

华盛顿在任期内的政策也体现了他的治国理念。他注重发展经济和教育事业，提高人民的生活水平；他推动土地改革和农业发展政策，为美国的农业现代化奠定了基础；他还倡导科学研究和文化繁荣，为美国的科技进步和文化发展提供了支持。

然而，华盛顿并未满足于已经取得的成就。他深知自己的责任重大，因此始终保持着谦虚和谨慎的态度。在两届任期结束后，他主动放弃了连任的机会，为后来的美国总统树立了榜样。他的这一行为也体现了他高尚的品德和卓越的政治智慧。

林肯：伟大的解放者与美国精神的象征

林肯（1809—1865），美国历史上伟大的政治家和战略家，第 16 任总统。他出生于肯塔基州的一个贫苦家庭，通过不懈努力成为律师和政治家。林肯任期内主导废除了美国黑人奴隶制，颁布了《解放黑人奴隶宣言》，为国家的统一和民主发展做出了巨大贡献。他的智慧、勇气和决心深受美国人民敬仰，被公认为美国历史上最伟大的总统之一。林肯于 1865 年因遇刺身亡，享年 56 岁，但其精神和思想永载史册。

从贫困少年到政治新星

在 19 世纪初的美国肯塔基州哈丁县，一个贫苦的家庭迎来了他们的第二个孩子——亚伯拉罕·林肯。林肯的出生并没有给这个家庭带来太多的喜悦，因为他们的生活已经足够艰难。然而，正是这个看似平凡的孩子，日后却成为美国历史上最伟大的总统之一。

林肯的童年充满了艰辛与挑战。他仅上了四个月的小学便因家庭贫困而辍学，但这并没有阻止他求知的脚步。林肯利用一切可能的机会学习，他借阅书籍、勤奋自学，积累了包括诗歌、法律、传记在内的大量知识。他热爱读书，经常在夜晚点起油灯，沉浸在知识的海洋中。

林肯在成长过程中，曾遭遇了多次打击和挫折。他在青年时期经历过丧母失业、破产等不幸事件，但这些经历并没有击垮他，反而使他更加坚韧不拔。林肯凭借着自己的勤奋和毅力，逐渐在社会中崭露头角。

1834 年，林肯作为辉格党人成功当选为伊利诺伊州议员，开始了他的政治生涯。他在任期间表现出了卓越的政治才能和强烈的正义感，赢得了人们的尊重和信任。两年后，林肯获得了律师资格，成了一名出色的律师和演说家。

废除奴隶制，捍卫国家统一

林肯的政治生涯中最引人注目的成就无疑是他在任期间主导废除了美国黑人奴隶制。这一壮举不仅改变了数百万黑人的命运，也深刻地影响了美国的历史进程。

在林肯就任总统之前，美国正面临着严重的分裂危机。南方各州主张维护奴隶制度，而北方则主张废除奴隶制。这种分歧最终导致了南北战争的爆发。林肯作为一位坚定的废奴主义者，他深知奴隶制度的罪恶和危害，因此他坚决反对国家分裂，主张维护国家的统一和完整。

在南北战争期间，林肯签署了《宅地法》和颁布了《解放黑人奴隶宣言》，这两个文件为北方获得战争的胜利奠定了坚实的基础。《宅

▲林肯雕像

地法》规定每个支持、拥护共和国的成年美国公民，只需交纳 10 美元
登记费，就能在西部得到一块不超过 160 英亩的土地，在土地上耕种 5
年后就可以成为这块土地的合法主人。这一政策极大地激发了人民对
西部的开发热情，同时也削弱了南方奴隶主的势力。《解放黑人奴隶宣
言》则宣布从 1863 年 1 月 1 日起废除叛乱各州的奴隶制，并允许奴隶
作为自由人参加北方军队。这一宣言不仅赢得了黑人的支持，也削弱
了南方的战斗力。

在林肯的领导下，北方军队逐渐取得了战争的主动权。他们击败了南方分裂势力，维护了美利坚联邦及其领土上不分人种、人人生而平等的权利。最终，南方军队在战争中的失败和投降标志着奴隶制度的终结和美国的重新统一。

林肯废除奴隶制的壮举不仅赢得了人民的尊敬和爱戴，也使他成为美国历史上最伟大的总统之一。他的勇敢和坚定为后人树立了榜样，他的理念和精神成为了美国精神的象征。

品格与影响

林肯的伟大不仅体现在他的政治成就上，更体现在他的品格和影响力上。他是一位具有高尚品格和坚定信念的人，他的言行举止都充满了智慧和力量。

林肯的品格中最令人钦佩的是他的谦虚和诚恳。他从不炫耀自己的成就和地位，总是以平等和尊重的态度对待每一个人。他善于倾听他人的意见和建议，尊重他人的权利和尊严。这种品格使他能够赢得人民的信任和支持。

林肯的勇敢和坚定也是他最珍贵的品格。在南北战争期间，他面临着巨大的压力和困难，但他始终保持着坚定的信念和决心。他不怕困难和挑战，勇于承担责任。他的勇敢和坚定为北方军队赢得了战争的胜利，也为美国的历史进程留下了深刻的印记。

明治天皇：引领日本走向近代化的改革者

明治天皇（1852—1912），名睦仁，日本第一百二十二代天皇，在位期间为1867年至1912年。他继位后经历江户幕府戊辰战争，推翻德川幕府统治，实行"王政复古"，建立君主立宪制国家。明治元年（1868）颁布维新举措，实行明治维新，推动日本从封建制国家发展为工业化世界大国。他还颁布《大日本帝国宪法》，确立天皇权力，并推行军国主义教育方针。明治天皇在位期间，日本实现了社会、经济、军事等多方面的发展，走上军国主义道路。

继位与背景：历史的交汇点

19世纪中叶的日本，正值江户幕府末期，西方列强的坚船利炮打破了日本闭关锁国的宁静，一系列不平等条约的签订，让日本民族陷入了前所未有的危机。

睦仁作为孝明天皇的次子，自幼便生活在这种动荡不安的环境中。他聪明好学，不仅精通汉文、日文等儒学经典，更在父亲的熏陶下，对西方科技和文化产生了浓厚的兴趣。他深知，日本想要摆脱外敌的欺凌，必须走向近代化，学习西方的先进科技和制度。

1867 年，孝明天皇突然去世，年仅 15 岁的睦仁继位，成为日本第一百二十二代天皇。此时的日本，正处于幕府统治的末期，社会矛盾尖锐，民不聊生。睦仁深知自己的责任重大，他决心通过改革，让日本走向富强。

明治维新：改革与觉醒

明治天皇继位后，立即着手进行一系列的改革。他首先废除了幕府的统治，建立了君主立宪制的国家，结束了长达数百年的幕府统治。这一举措，为日本的近代化改革奠定了政治基础。

随后，明治天皇颁布了一系列维新举措，包括政治、经济、文化、军事等各个方面。他实行"富国强兵"政策，大力发展军事工业，加强海军和陆军的建设。同时，他还积极引进西方的科学技术和文化知识，兴办学校、建立图书馆、派遣留学生等，这为日本的近代化改革提供了强大的智力支持。

在明治天皇的领导下，日本的改革取得了巨大的成功。政治上，日本建立了君主立宪制的国家，实现了权力的集中和统一；经济上，日本实现了从封建农业国向资本主义工业国的转变，国力日益增强；文化上，日本吸收了西方先进的科技和文化知识，国民素质得到了极大的提高；军事上，日本建立了一支强大的军队，为后来的扩张和侵略打下了坚实的基础。

然而，明治天皇的改革并非一帆风顺。在改革过程中，他面临着来自守旧势力和西方列强的巨大压力。但他始终坚定不移地推进改革，最终让日本走上了近代化的道路。

历史影响：功过参半的改革者

明治天皇的改革对日本产生了深远的影响。他让日本从一个落后的封建制国家发展成为一个先进的资本主义国家，实现了国家的富强和民族的振兴。他的改革不仅改变了日本的历史进程，也对整个亚洲乃至世界产生了重要的影响。

然而，明治天皇的改革也存在一些问题。他过分强调国家主义和军国主义的教育方针，导致了日本在后来的战争中走上了侵略扩张的道路。此外，他也没有能够完全解决社会上的不平等问题，贫富差距依然严重。

对于明治天皇的评价，人们存在着不同的看法。一些人认为他是日本近代化的伟大领袖，为日本的发展作出了巨大的贡献。而另一些人则认为他是一个具有侵略性的君主，为日本后世的侵略扩张埋下了祸根。无论如何评价，明治天皇都是一代不可忽视的历史人物，他的改革对日本乃至世界都产生了深远影响。

个人生活与婚姻

除了在政治和军事上的改革外，明治天皇在个人生活上也展现出了他的独特之处。他虽然身居高位，但始终保持着对传统文化的热爱和尊重。他热爱书法和绘画，经常在宫廷中举办文化艺术活动，推动了日本文化艺术的繁荣发展。

　　然而，在婚姻制度上，明治天皇却并未能完全接受西方的一夫一妻制度。他一生有多个妻子和子女，这在当时的日本社会中是普遍存在的现象，一定程度上反映了当时社会上残余的封建思想。

保罗·塞尚：现代艺术的巨匠

保罗·塞尚（1839—1906），法国著名画家，被誉为"现代艺术之父"。他以独特的艺术视角和坚定的创作精神，在绘画领域进行了深刻的探索与创新，对色彩、形态和空间的处理独具匠心，对后世艺术产生了深远影响。塞尚的作品不仅展现了其深邃的艺术思想，也为现代艺术的发展奠定了基础。

从工匠之子到现代艺术之父

在19世纪末的法国，一个名叫保罗·塞尚的画家悄然崛起，成为后期印象派的主将，更被后世尊称为"现代艺术之父"。这位祖籍皮埃蒙特的小工匠、小商人的后代，以其独特的艺术视角和执着的创作精神，颠覆了传统绘画的束缚，为现代艺术的发展开辟了新的道路。

塞尚于1839年出生在埃克斯，这座法国南部的小城为他提供了无尽的创作灵感。他的父亲原是一名帽店老板，后转行成为银行经理，这使得塞尚有机会接受良好的教育。然而，他并未按照父亲的意愿进入法学院，而是坚定地选择了艺术作为自己的发展道路。在有了自己的第一间画室后，塞尚已经决定了自己前进的方向。

追求体积感与色彩真实

　　塞尚的艺术生涯并非一帆风顺。尽管他受到当时占绘画主流地位的印象派的影响，但他始终坚持对物体结构和实体感的关注。他追求物体体积感的表现，这种独特的视角为后来的"立体派"开启了思路。同时，塞尚重视色彩视觉的真实性，其"客观地"观察自然色彩的独特性大大区别于以往的"理智地"或"主观地"观察自然色彩的画家。

　　在艺术创作上，塞尚不断尝试新的方法和技巧。他善于运用色彩

▲〔法国〕保罗·塞尚《玩纸牌的人》

▲〔法国〕保罗·塞尚《厨房的桌子》

和线条来捕捉物体的本质特征，通过简练的笔触和精细的色彩对比，营造出独特的视觉效果。他的画作充满了力量和动感，让人能感受到生命的活力和自然的魅力。

　　此外，塞尚还是一位杰出的水彩画家。他的水彩作品以其独特的风格和技巧赢得了广泛的赞誉。与油画相比，塞尚的水彩画更加轻盈、透彻，色彩更加鲜艳、明亮。他善于运用水彩的流动性和透明性来表现物体的光影变化和空间感，使画面更加生动、逼真。

跨越时代的艺术巨匠

塞尚的艺术成就不仅体现在他的个人创作成果上，更在于他对后世艺术的影响。作为现代艺术的先驱，他颠覆了传统绘画的束缚，为现代艺术的发展开辟了新的道路。他的艺术思想和创作方法影响了许多后来的艺术家，包括立体派创始人毕加索和野兽派代表人物马蒂斯等。

塞尚的艺术生涯充满了坎坷和挫折。他性格孤僻、多疑，与许多同时代的艺术家关系紧张。然而，他始终坚持自己的艺术信仰和创作理念，不断追求更高的艺术境界。他的坚持和执着为后世留下了宝贵的艺术遗产和精神财富。

克劳德·莫奈：印象派的灵魂与色彩魔术师

克劳德·莫奈（1840—1926），法国印象派代表人物和创始人之一，被誉为"印象派领导者"。他擅长光与影的实验与表现技法，通过捕捉自然光线的瞬间变化，创作出色彩丰富、光影交错的画作，如《日出·印象》和《睡莲》系列。莫奈的作品对西方艺术史产生了深远影响，推动了印象派艺术的发展。

印象派的先驱与领导者

在 19 世纪的法国艺术圈，有一位画家以其独特的艺术风格和深刻的艺术见解，成为了那个时代最为耀眼的明星之一，他就是克劳德·莫奈。1840 年 11 月 14 日，莫奈出生于巴黎的一个普通家庭，然而，正是这个看似平凡的开始，拨动了印象派产生和发展的历史齿轮。

莫奈的一生与印象派紧密相连。他不仅是一位杰出的画家，更是一位对艺术有着深刻理解和独到见解的艺术家。他对于光影的把握和运用，达到了前所未有的高度。在莫奈的画作中，光和影的色彩描绘是其最大的特色。他擅长于捕捉自然界中瞬息万变的光影效果，将其转化为画布上永恒的艺术形象。这种独特的艺术风格，使得他的作品

▲〔法国〕莫奈《日出·印象》

充满了生机和活力，给人以强烈的视觉冲击和心灵震撼。

　　莫奈的艺术成就，不仅仅体现在他的绘画技巧上，更体现在他对艺术的深刻理解和创新上。他为印象派的发展作出了巨大的贡献，被誉为"印象派领导者"。他的艺术理念和创作实践，极大地推动了印象派的发展，使其成为 19 世纪最重要的艺术流派之一。

光影的魔术师

莫奈是一位光影的魔术师，他善于用画笔捕捉自然界中瞬息万变的光影效果。他对于光影的把握和运用，已经达到了炉火纯青的地步。无论是清晨的薄雾、正午的烈日，还是傍晚的余晖，他都能够将其转化为画布上独特的艺术形象。

莫奈对于光影的探索和实验，不仅仅体现在他的绘画技巧上，更体现在他的艺术理念上。他认为，光影是自然界中最为重要的元素之一，它不仅能够改变物体的形态和色彩，更能够影响人的情绪和感受。因此，他在创作过程中，始终将光影作为最重要的表现手段之一。他通过对光影的细致观察和深入探究，将自然界中的光影效果转化为画布上的艺术形象，这使得他的作品充满了生机和活力。

莫奈的艺术风格和创作理念，对后来的艺术家产生了深远的影响。他的光影表现技巧，成为许多艺术家学习和借鉴的对象。他的艺术理念，也启发了许多艺术家对于自然和光影的深入思考和探索。

色彩的狂想者

莫奈作为印象派的杰出代表，对色彩的运用达到了前所未有的高度。他善于捕捉自然界中光线与色彩的微妙变化，将这一瞬息万变的景象定格在画布之上。莫奈的色彩运用，不仅展现了物体在特定光线

▲〔法国〕莫奈《撑洋伞的女人》

下的真实面貌，更通过色彩的对比、调和与层次构建，传达出丰富的情感与氛围。

他突破了传统绘画中"固有色"的束缚，采用"条件色"的观念，即色彩随着光线和观察角度的变化而变化。在莫奈的画作中，色彩成为了表达情感与意境的主要手段。他通过对色彩的大胆尝试与精妙组合，创造出了既真实又富有诗意的画面效果。

此外，莫奈还注重笔触的运用，通过不同的笔触表现景物的质感和纹理，使画面更加生动自然。他的色彩运用与笔触技巧相结合，形成了独特的艺术风格，对后世艺术家产生了深远的影响。无论是《睡莲》系列中对光影与色彩的极致追求，还是《日出·印象》中对瞬间印象的捕捉，都展现了莫奈在色彩运用上的卓越才华与不懈探索。